4X4=사주여행

28일간의 사주여행

저자 박경일

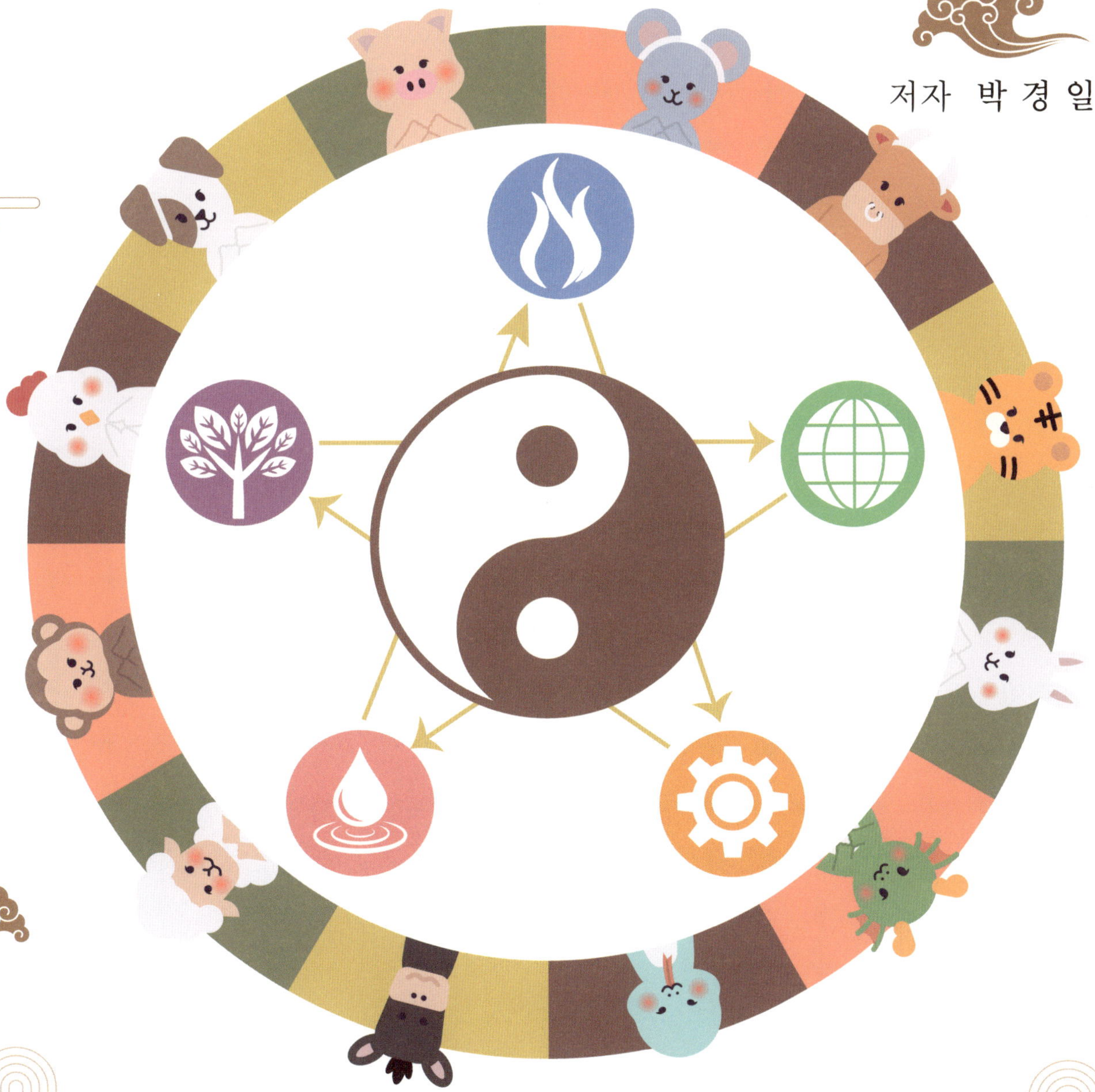

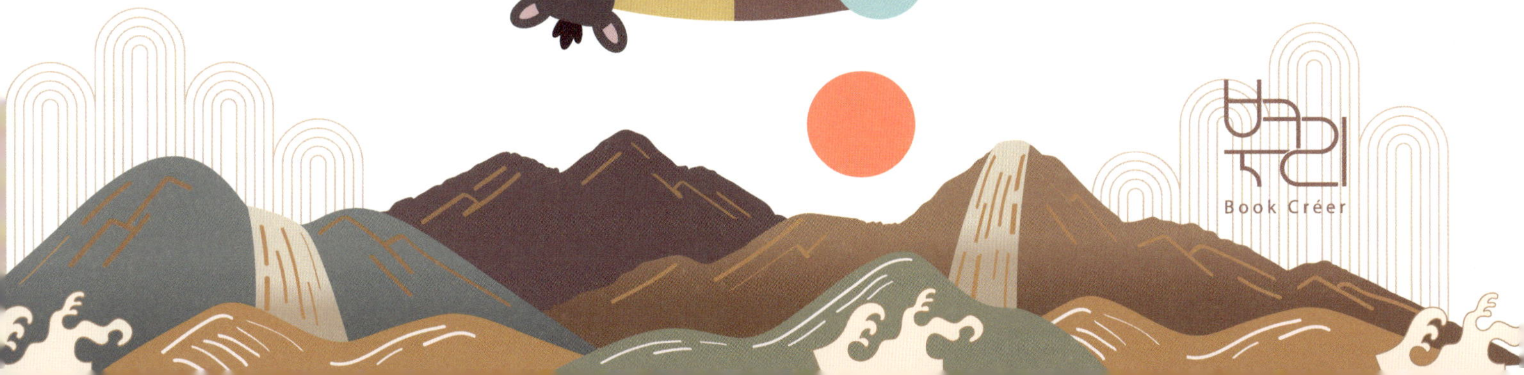

Book Créer

머릿말

본서(本書)는 명리학을 처음 접하시는 분들에게 기초 이론을 자세히 설명하여 쉽게 사주명리학에 다가갈 수 있게 제작되었습니다. '4X4= 사주 여행' 이란 사주명리학을 4주간 공부한다는 뜻입니다. 매일 한 두 시간을 내어 28일 정도 공부한다면 장차 쉬운 사주는 스스로 해석할 수 있도록 꾸며진 사주명리학의 기초 교재입니다.

처음 이 학문을 시작했을 때의 낯설고 어려웠던 점이나 고민했던 부분을 여러분들과 나누고자 합니다. 본서(本書)가 초학자 분들에게 도움이 되길 바랍니다.

CONTENTS

4×4= **사주여행**
28일간의 사주여행

- 1일차 — 4P
- 2일차 — 5P
- 3일차 — 9P
- 4일차 — 12P
- 5일차 — 15P
- 6일차 — 25P
- 7일차 — 30P
- 8일차 — 35P
- 9일차 — 40P
- 10일차 — 44P
- 11일차 — 46P
- 12일차 — 51P
- 13일차 — 56P
- 14일차 — 58P
- 15일차 — 64P
- 16일차 — 68P
- 17일차 — 72P
- 18일차 — 78P
- 19일차 — 83P
- 20일차 — 89P
- 21일차 — 97P
- 22일차 — 103P
- 23일차 — 106P
- 24일차 — 109P
- 25일차 — 112P
- 26일차 — 115P
- 27일차 — 118P
- 28일차 — 123P

1 일차

4×4=사주여행

　십간(10干)은 甲(갑), 乙(을), 丙(병), 丁(정), 戊(무), 己(기), 庚(경), 辛(신), 壬(임), 癸(계) 의 10가지요.

　십이지(12支-12地支 라고도 함)는 子(자), 丑(축), 寅(인), 卯(묘), 辰(진), 巳(사), 午(오), 未(미), 申(신), 酉(유), 戌(술), 亥(해) 의 12종입니다.

　십간(十干)과 십이(十二) 지지(地支)는 사주 명리를 배우기 전에 반드시 외우고 넘어가야 할 산(?)입니다. 한글을 배울 때 자음과 모음을 먼저 배우는 것처럼, 십간과 십이 지지는 외워서 읽고 쓸 수 있어야 합니다. 사주 공부를 시작하셨다면 지금 당장 외우셔야 합니다.

✅ 태극은 만물의 근원이며 양과 음으로 분화합니다.

✅ 분화된 양과 음은 다시 분화하여 넷(四象)이 됩니다. 이것은 오행 중에 목, 화, 금, 수가 됩니다.

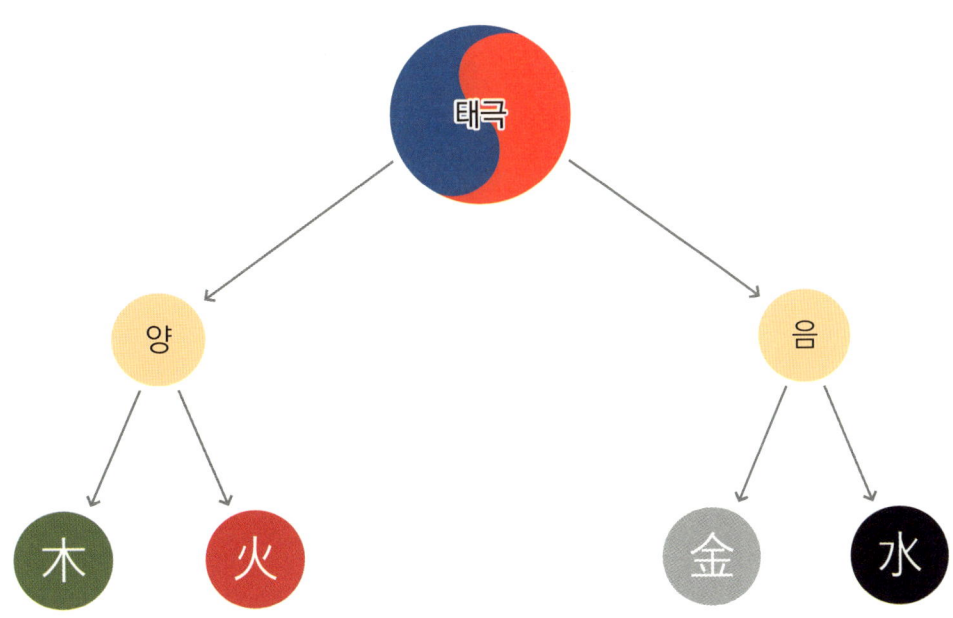

2일차

4×4=사주여행

☑ 양에서 분화한 것은 목(木)과 화(火)가 됩니다.

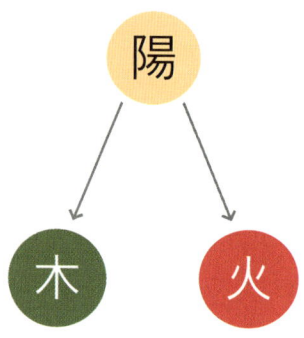

목은 봄과 같고 화는 여름과 같습니다.
목은 양중에 음한 것이라 겨울의 음한 기운이 남아있는 봄과 같은 상태요, 화는 양중에 양한 것이기에 여름처럼 양의 기운이 상승하여 극대화된 것을 말합니다.

☑ 음에서 분화한 것은 금(金)과 수(水)가 됩니다.

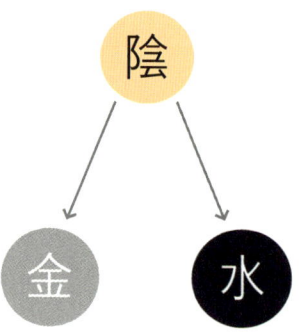

금은 가을과 같고 수는 겨울과 같습니다.
금은 음중에 양한 것이라서 아직 여름 기운이 남아있는 가을과 같고, 수는 음중에 음이라 겨울처럼 음의 기운이 극대화된 시기를 말합니다.

2일차

28일간의 사주여행

☑ 태극이 목(木), 화(火), 금(金), 수(水)로 분화된 후 태극은 왕처럼 하강하여 토(土)가 됩니다. 왕인 토(土)는 목(木), 화(火), 금(金), 수(水)를 연결하며 드디어 오행이 완성됩니다. 목(木), 화(火), 토(土), 금(金), 수(水) 오행은 상생하고 상극하는 관계입니다.

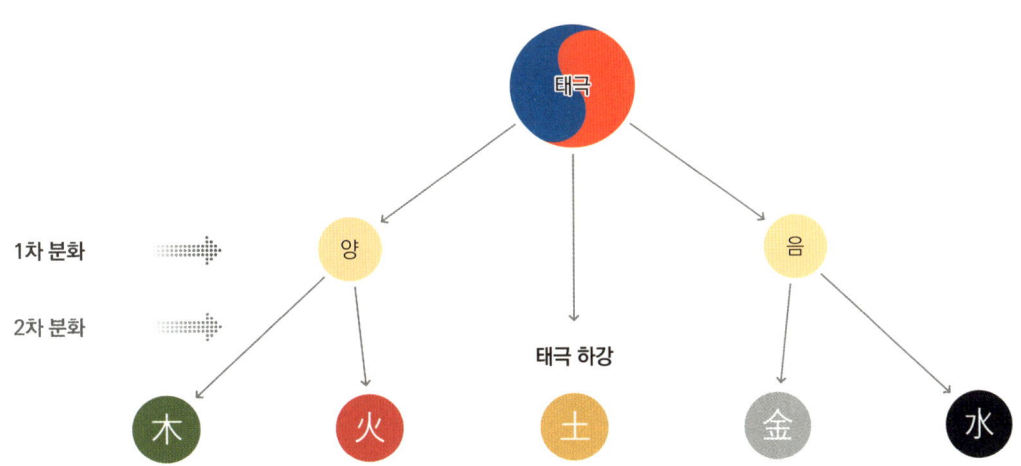

목, 화, 토, 금, 수 오행이 저마다 양과 음으로 분화하여(5행 X 2음양) 10개의 십간이 생기니 甲(갑), 乙(을), 丙(병), 丁(정), 戊(무), 己(기), 庚(경), 辛(신), 壬(임), 癸(계) 10천간이라고 합니다. 다음 그림에서 '중앙정부'라고 표현한 것을 기억해주세요.

2 일차

4×4=사주여행

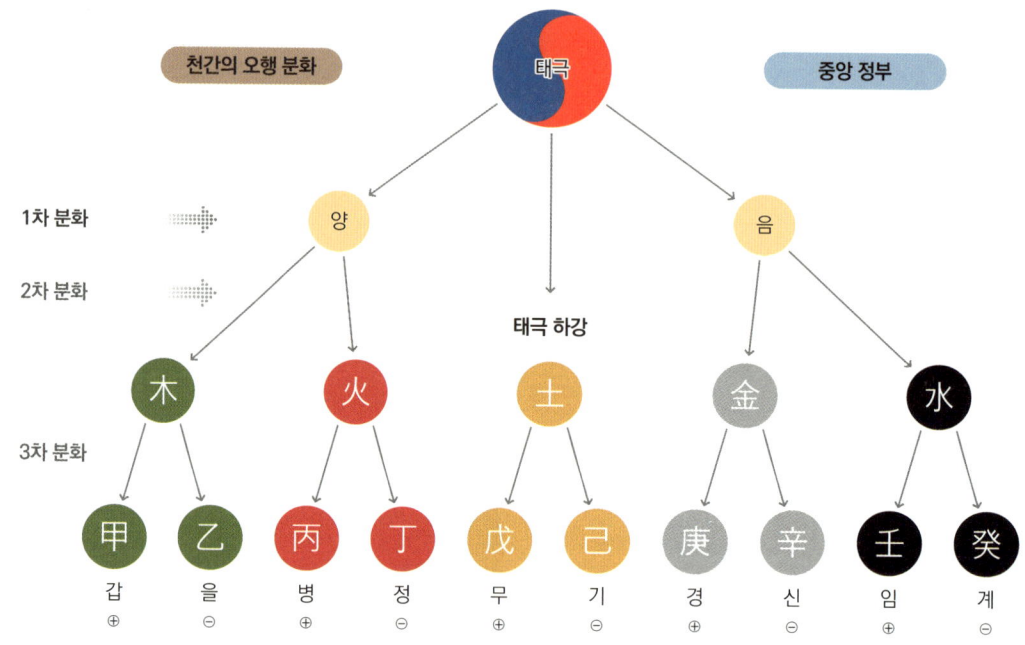

甲(갑), 乙(을), 丙(병), 丁(정), 戊(무), 己(기), 庚(경), 辛(신), 壬(임), 癸(계)로 10천간의 내력을 알아보았습니다. 반드시 외워서, 읽는 것은 물론 보지 않고도 쓸 수 있어야 합니다.

☑ 천간의 분화과정을 알아보았고, 이번엔 십이 지지의 분화과정을 알아보겠습니다.

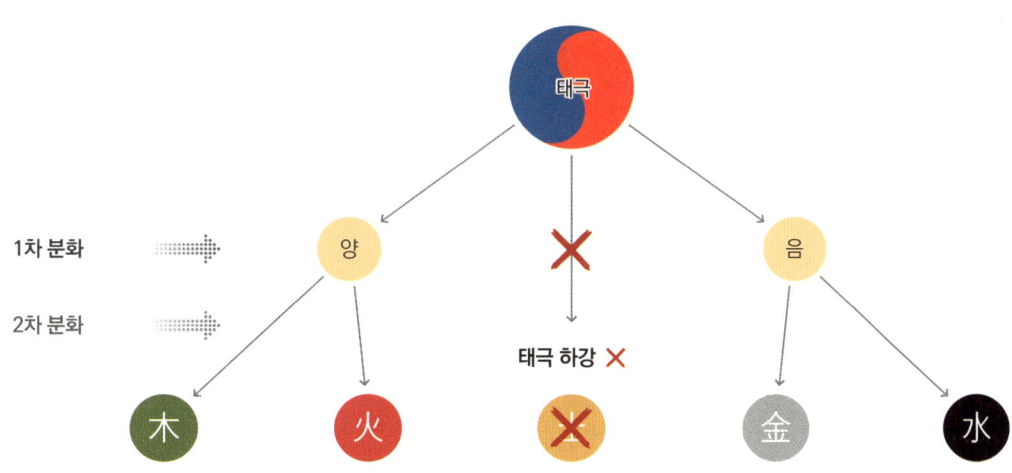

그림에서처럼 태극에서 양과 음으로 또 다시 목, 화, 금, 수의 사상(四象)으로 분화하는 과정은 천간과 똑같습니다. 다만 천간과 달리 십이 지지는 태극이 직접 하강을 하지 않습니다. 이해하기 쉽게 비유하자면, 천간의 분화는 '중앙집권제'와 유사합니다. 태극은 넷으로 분화된 후 토가 왕으로서 정권을 창출하고, 측근인 목, 화, 금, 수를 주요 부처 관료로 임명해 정치를 하는 것으로 비유해 볼 수 있습니다.

이와 달리, 지지의 분화 과정은 '지방자치제'와 유사합니다. 태극이 직접 지방을 다스리지 않고 관료를 파견해 목, 화, 금, 수의 지역을 다스리는 것과 같습니다.

3일차

4×4=사주여행

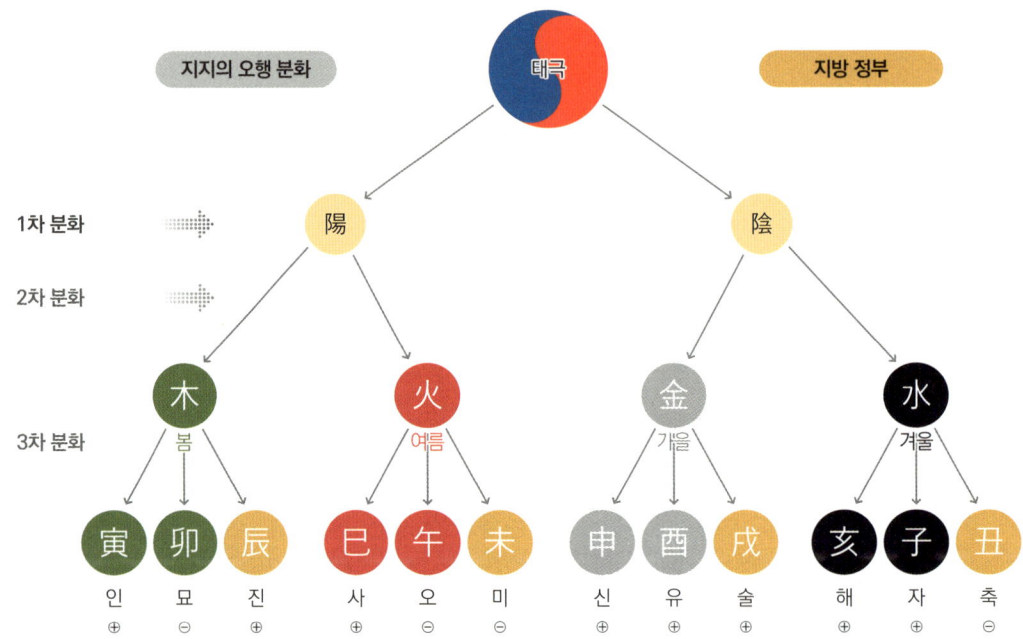

　木이라는 봄의 대운(大運)에 진(辰) 土를 파견해 다스리게 하며 봄과 여름을 연결해 주고, 火의 여름 지역에는 미(未) 土를 파견하여 지역을 다스리게 하며 여름과 가을을 이어줍니다. 金이라는 가을의 지방에는 술(戌) 土를 파견하여 다스리게 하며, 가을과 겨울을 연결합니다. 水라는 겨울 지역에는 축(丑) 土를 파견하여 겨울과 봄을 연결합니다. 이처럼 土라는 오행은 환절기를 뜻하기도 합니다.

　목, 화, 금, 수의 네 지역마다 土(지방 관료)를 파견하여 다스리는 방법으로 분화하니, 4행마다 X 3개의 지지로 분화하여 십이 지지가 된 것입니다.

하늘 10 천간		목(봄)	화(여름)	토(환절기)	금(가을)	수(겨울)
간(干)	양	甲(갑)	甲(갑)	戊(무)	庚(경)	壬(임)
	음	乙(을)	丁(정)	己(기)	辛(신)	癸(계)

땅 12 지지		목(봄)	화(여름)	토(환절기)	금(가을)	수(겨울)
지(支)	양	寅인(甲)	巳사(丙)	辰진(戊) 戌술(戊)	申신(庚)	亥해(壬)
	음	卯묘(乙)	午오(丁)	丑축(己) 未미(己)	酉유(辛)	子자(癸)

* 십이 지지 표의 괄호 속 천간은 해당 지지의 본기(本氣)를 나타냅니다.

4 일차

4×4=사주여행

사주명리학에서는 태어난 년, 월, 일, 시의 간지가 상호작용하여 운명을 좌우한다고 여깁니다. 각 년, 월, 일, 시는 천간 한 글자와 지지 한 글자가 짝을 이뤄 간지(천간과 지지) 두 자로 만들어집니다. 따라서 년, 월, 일, 시마다 두 글자씩 총 여덟 글자가 되며 사람의 운명을 팔자(八字)라고 하는 것도 여기에서 기인합니다. (이후로 천간과 지지를 '간지(干支)'라고 칭하겠습니다.)

사주명리학에서 년의 간지를 연주(年柱), 월의 간지를 월주(月柱), 일의 간지를 일주(日柱), 시의 간지를 시주(時柱)라 합니다. 기둥 주(柱)를 쓰며 년 기둥, 월 기둥, 일 기둥, 시 기둥 이렇게 네 기둥에 있는 여덟 글자가 바로 사주팔자(四柱八字 = 네 기둥 여덟 글자)입니다.

년, 월, 일, 시 사주(四柱)의 간지를 정하는 법을 알기 전에 사주팔자를 구성하고 있는 간지(干支)가 어떻게 만들어지는지 알아보겠습니다.

앞서 말했듯 십간은 甲(갑), 乙(을), 丙(병), 丁(정), 戊(무), 己(기), 庚(경), 辛(신), 壬(임), 癸(계) 의 10종이고

십이지는 子(자), 丑(축), 寅(인), 卯(묘), 辰(진), 巳(사), 午(오), 未(미), 申(신), 酉(유), 戌(술), 亥(해) 의 12종입니다.

이 십간과 십이지가 차례로 짝을 지으며 간지가 생성됩니다. 여기서 '차례대로'라는 말이 중요한데요.

甲 乙 丙 丁 戊 己 庚 辛 壬 癸
子 丑 寅 卯 辰 巳 午 未 申 酉 戌 亥

　이 그림에서 보면 10개의 천간이 12개의 지지와 짝을 맺으면 戌과 亥 두 지지가 남습니다. 10개의 천간이 12개의 지지와 짝을 맺으려니 당연히 두 개가 남습니다. 이제 戌과 亥는 누구와 짝을 지을까요?

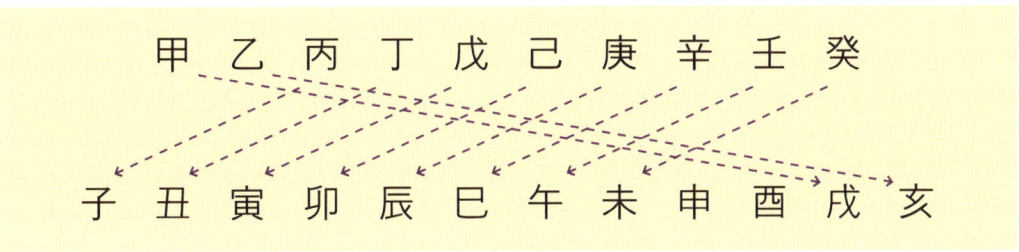

　정답은 甲으로 다시 돌아가 甲戌, 乙亥.... 그 다음 천간은 丙의 순서이고 지지는 子의 차례이니 丙子, 丁丑, 戊寅.... 식으로 계속 천간이 돌아가며 차례대로 짝을 짓는 것입니다.

　이와같이 순차적으로 10개의 천간과 12개의 지지를 조합하면 소위 육십갑자가 됩니다. 언뜻 생각하면 10개의 천간과 12개의 지지가 조합하여 10 × 12 = 120 가지의 간지가 생성될 것 같으나, 실은 60가지의 조합이 나옵니다. 그 이유를 아래의 육십갑자 표에서 자세히 알아보겠습니다.

4일차

4×4=사주여행

甲子	甲戌	甲申	甲午	甲辰	甲寅
乙丑	乙亥	乙酉	乙未	乙巳	乙卯
丙寅	丙子	丙戌	丙申	丙午	丙辰
丁卯	丁丑	丁亥	丁酉	丁未	丁巳
戊辰	戊寅	戊子	戊戌	戊申	戊午
己巳	己卯	己丑	己亥	己酉	己未
庚午	庚辰	庚寅	庚子	庚戌	庚申
辛未	辛巳	辛卯	辛丑	辛亥	辛酉
壬申	壬午	壬辰	壬寅	壬子	壬戌
癸酉	癸未	癸巳	癸卯	癸丑	癸亥

위의 표에서 甲과 짝을 지은 지지를 잘 보면 子, 戌, 申, 午, 辰, 寅으로 여섯 글자뿐입니다. 또 乙과 짝을 지은 지지를 보면 丑, 亥, 酉, 未, 巳, 卯로 마찬가지로 여섯 글자만 짝을 짓습니다. 차례대로 짝을 짓기 때문에 甲, 乙, 丙, 丁, 戊, 己, 庚, 辛, 壬, 癸 10간은 십이 지지 중 각각 6개의 지지와만 짝을 짓고 나머지 6개의 지지와는 짝을 짓지 않습니다. 甲丑, 甲亥, 甲酉, 甲未, 甲巳, 甲卯 등의 간지 조합은 나오지 않습니다. 이하 나머지 천간도 마찬가지로 짝을 맺는 것은 각각 6개의 지지뿐입니다.

10간이 각각 6개 지지만으로 짝을 맺으므로 10 X 6 = 60갑자가 만들어지게 되는 것입니다. 쉽게 말해서 양에 해당하는 천간은 子, 寅, 辰, 午, 申, 戌과 짝을 맺고, 음에 해당하는 천간은 丑, 卯, 巳, 未, 酉, 亥와만 짝을 짓습니다.

이번엔 만세력 어플 사용법을 말씀드리겠습니다.

우선 만세력 어플을 다운받아 아래 그림처럼 성별과 생일의 양력 혹은 음력 여부를 표시한 후 생년월일과 시간을 적습니다. 그리고 화살표에 있는 '사주조회'를 누르면 맨 오른쪽과 같은 사주명식이 나옵니다.

5일차

4×4=사주여행

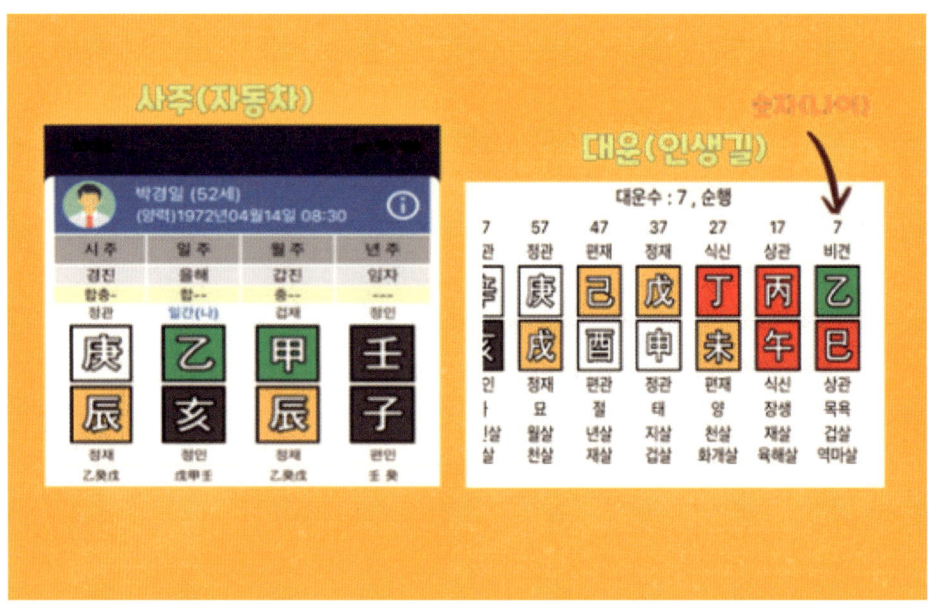

사주를 검색하면 사주와 함께 나오는 또 한 가지가 있습니다. 바로 숫자와 간지의 조합인데요. 이것을 대운이라고 합니다. 사주를 자동차에 비유하자면, 10년마다 바뀌는 대운은 '운의 흐름' 즉, '인생길'로 비유할 수 있습니다. (숫자는 만 나이)

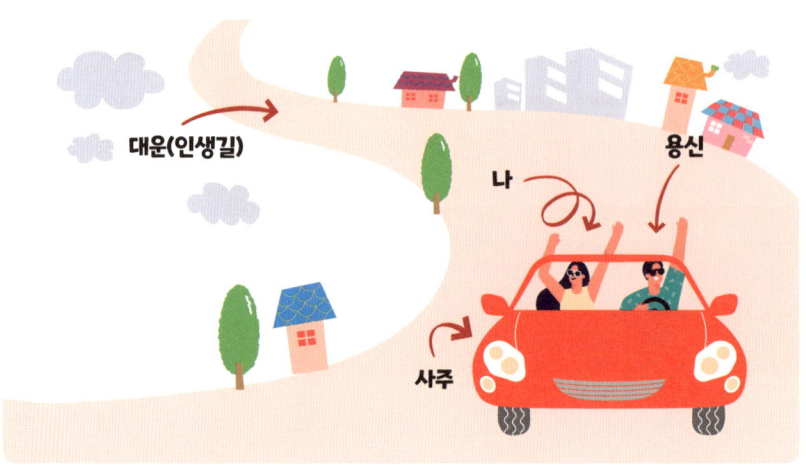

사주와 대운(大運)을 정하는 원리

이처럼 요즘은 만세력 앱을 통해 누구나 손쉽게 사주와 대운을 뽑아 사용할 수 있지만 예전에는 만세력(萬歲曆)이라는 두꺼운 책자로 만들어진 달력을 일일이 살펴 가며 사주와 대운을 찾았답니다. 앱을 통해 쉽게 사주를 찾는 것도 좋지만 사주 명리학을 배우는 초학자로서 그래도 원리는 알고 있어야 사주명리학을 배웠다고 할 수 있겠지요. 잠시 사주를 정하는 원리에 대해서 알아보도록 하겠습니다. 어려운 내용들이 다소 있을 수 있으니, 주의 깊게 읽어주시기 바랍니다.

1 생년의 간지를 정하는 법

생년은 태어난 해를 기록하는 것인데, 주의할 점은 입춘일(2월 4일경 양력)을 기준으로 년주(띠)가 바뀐다는 것입니다. 2024년 올해의 경우 갑진년(甲辰年) 용띠에 해당하는데, 2월 3일 이전에 태어난 사람은 작년 계묘년(癸卯年) 생이지 결코 갑진년 생이 아닙니다. 왜냐하면 년주가 바뀌는 기준인 입춘일 2월 4일이 아직 되지 않았기 때문입니다.

예를 들어 2024년 음력 설날인 2월 10일에 태어난 사람은 갑진년 생이 맞습니다. 하지만 음력 설날이 지나서 태어났기 때문에 갑진년생이 아니라 입춘일인 양력 2월 4일이 지나서 태어났기 때문에 갑진년생이 되는 것입니다.

5일차

4×4=사주여행

만일 2월 4일 입춘 당일에 태어났다면 입춘에 드는 절입 시간을 보고 입춘 전인지 후인지를 결정합니다. 참고로 올해의 입춘 절입 시간은 2024년 2월 4일 17시 27분입니다.

★ 24절기(節気)는 모두 양력이며 12개의 절(節)과 12개의 기(気)로 보름 정도의 차이를 두고 이루어져 있습니다. 사주 명리학에서 월이 바뀌는 것은 12개의 절(節)에 월이 바뀌며, 그 바뀌는 날을 절입일(節入日)이라고 합니다.

2 월의 간지를 정하는 법

년의 간지를 정할 때 입춘을 기준으로 하듯 각 월의 간지를 정하는 것도 절입(節入) 시기를 기준으로 합니다. 우선 월지는 어느 해를 막론하고 고정되어 있습니다. 음력이 아닌 양력 날짜라는 점에 유의하시기 바랍니다. 가끔 24절기를 음력으로 생각하시는 분들이 꽤 있습니다.

(외울 필요 없이 매달 4일~8일경의 초순에 해당한다는 점을 기억하세요.)

1월의 월지	寅 입춘(양력 2월4일경)	2월의 월지	卯 경칩(양력 3월5일경)
3월의 월지	辰 청명(양력 4월5일경)	4월의 월지	巳 입하(양력 5월5일경)
5월의 월지	午 망종(양력 6월5일경)	6월의 월지	未 소서(양력 7월7일경)
7월의 월지	申 입추(양력 8월7일경)	8월의 월지	酉 백로(양력 9월7일경)
9월의 월지	戌 한로(양력10월8일경)	10월의 월지	亥 입동(양력11월7일경)
11월의 월지	子 대설(양력12월7일경)	12월의 월지	丑 소한(양력 1월5일경)

❸ 생일의 간지를 정하는 법

일주(日柱) 즉 생일의 간지를 찾는 법은 가장 간단하지만 주의해야 할 부분이 있습니다. 우선 생일의 간지는 만세력을 보고 출생한 생년, 생월을 찾아서 출생한 날의 일진을 그대로 기록하면 됩니다. 다만, 하루의 시작을 언제로 보느냐는 문제는 유의해야 합니다.

예를 들어, 자시(子時)에 태어난 사람을 예로 들어보겠습니다. 자시(子時)는 밤 11시부터 다음 날 새벽 1시 사이를 말하는데, 밤 12시를 기준으로 다음 날이 되므로 이틀이 걸쳐져 있습니다.

따라서 혼동스러울 수 있겠지만, 밤 11시부터는 오늘이 아니라 내일이라고 생각하면 혼동스러울 게 없습니다. 즉, 하루는 자시(子時)에서 시작해 해시(亥時)에서 끝이 나니, 해시까지가 오늘이고 자시가 시작되는 밤 11시부터는 다음 날이라고 생각하시면 됩니다.

4 생시의 간지를 정하는 법

현재 우리는 일본의 동경 표준시를 사용하고 있습니다. 원래 일본 동경과 서울은 30분 정도의 시차가 있지만, 안타깝게도 군사적인 이유로 우리는 일본의 표준시를 사용하고 있습니다. 따라서 정확한 서울 표준시는 현재 사용하는 시간에 30분을 더해야 서울 표준시가 됩니다. 월주의 간지가 년주에 영향을 받듯이 시의 간지는 일간에 의해 영향을 받습니다.

(서울 표준시)

자시(子時)	오후 23시30분 ~ 새벽 01시30분전
축시(丑時)	새벽 01시30분 ~ 새벽 03시30분전
인시(寅時)	새벽 03시30분 ~ 새벽 05시30분전
묘시(卯時)	아침 05시30분 ~ 아침 07시30분전
진시(辰時)	아침 07시30분 ~ 아침 09시30분전
사시(巳時)	오전 09시30분 ~ 오전 11시30분전
오시(午時)	오전 11시30분 ~ 오후 13시30분전
미시(未時)	오후 13시30분 ~ 오후 15시30분전
신시(申時)	오후 15시30분 ~ 오후 17시30분전
유시(酉時)	오후 17시30분 ~ 오후 19시30분전
술시(戌時)	오후 19시30분 ~ 오후 21시30분전
해시(亥時)	오후 21시30분 ~ 오후 23시30분전

5일차

4×4=사주여행

5 대운(大運)을 정하는 법 (양남음녀는 똑바로, 음남양녀는 거꾸로)

10년마다 바뀌는 인생길 대운은 월주를 기준으로 정해집니다. 이때 대운은 전진 또는 후진하는 방향으로 움직입니다. 남자는 양이고 여자는 음이 될 때 생년의 천간이 양에 해당하는 甲 丙 戊 庚 壬年 생 남자를 양남이라 하고, 생년 천간이 乙 丁 己 辛 癸年 생 여자는 음녀라고 합니다. 양남과 음녀는 음양의 이치에 맞다고 하여 대운이 전진하는 방향으로 흐릅니다. 예를 들어, 사주의 월주가 병인월(丙寅月)이면 첫 대운은 전진하는 방향으로 丁卯, 戊辰, 己巳, 庚午 대운… 순으로 대운이 똑바로 나아갑니다.

반대로 생년의 천간이 음에 해당하는 乙 丁 己 辛 癸年 생 남자는 음남이라고 하고, 생년의 천간이 양에 해당하는 甲 丙 戊 庚 壬年 생 여자는 양녀라고 합니다. 음남과 양녀는 음양의 이치와 반대로 되었다 하여 대운이 후진하는 방향으로 흐릅니다. 사주의 월지가 병인월(丙寅月)이면 첫 대운은 후진하는 방향으로 乙丑, 甲子, 癸亥, 壬戌 대운… 순으로 대운이 거꾸로 흐릅니다.

6 대운(大運) 수(数) 계산법

생일에서 다음 절입일까지 날수를 계산하여 3으로 나눈 몫이 대운(大運) 수(数)가 됩니다. 이때 나머지가 2라면 몫을 반올림하여 대운 수를 하나 늘려줍니다. (몫 = 대운 수) 또 나머지가 1이라면 버림 하여 대운 수로 더하지 않습니다.

가령 출생일로부터 절입일까지 27일간이라면 3일에 대운수 1로 계산하니 (27 ÷ 3 = 9)가 나오는데 바로 이 9라는 수가 대운 수가 됩니다. 또 출생일로부터 절입일까지 20일이라면 (20 ÷ 3 = 6....2)로 나오는데 이것은 대운 수 6이 되지만 2가 나머지로 되니 반올림으로 몫을 1 올려 대운수는 7이 됩니다. 또, 생일에서 절입일까지 총 일수가 13일이라면 (13 ÷ 3 = 4....1)이므로 몫인 4가 대운 수고 나머지는 1이므로 버림 하여 대운 수는 4로 정합니다.

7 대운(大運) 수(数)의 계산원리

흔히 '십 년이면 강산도 변한다.' 또는 '권불십년(權不十年) 화무십일홍(花無十日紅)'이라고 해서 권력은 십 년을 가지 못하고 붉은 꽃도 열흘이면 시든다는 말이 있습니다. 이것은 예로부터 10을 큰 주기적 변화기로 인식하여 온 것입니다. 천간도 10개의 천간이 번갈아 가며 10년 주기로 순환합니다. 따라서 대운 또한 10년을 기준으로 한 번씩 교체되는 것입니다.

앞서 말했듯 대운은 10년 주기이고 월주를 기준으로 한다고 했습니다. 월주라는 절입 시기는 각각 한 달을 뜻하는데 그 한 달 30일을 10년에 빗대어 나타낸 것이 대운입니다. 따라서 한 달인 30일을 10년에 대입하고 보니 3일은 곧 1년이 되고 다음 절입일 까지 며칠이 걸리는지 세어보고 1년에 해당하는 3으로 나누니 대운이 바뀌는 시기인 대운 수가 계산되어 나오는 이치입니다.

📑 오행의 상생과 상극

◎ 목, 화 = 양에 해당하고, 금 수 = 음에 해당합니다. 이것을 토가 연결합니다.

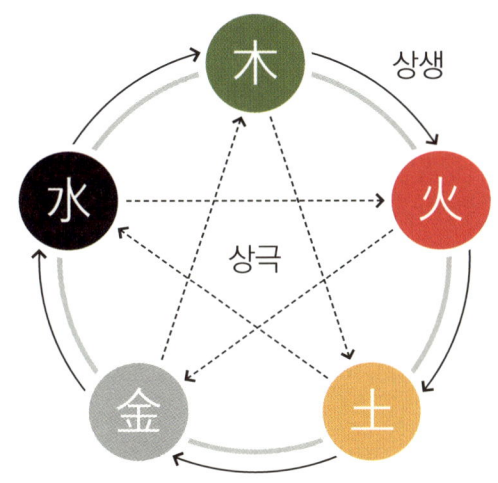

사주 해석의 시작과 끝은 오행의 상생상극이라고 생각합니다. 사주팔자의 길흉도 모두 이 오행 상생상극의 조화로움에 따라 판가름이 납니다.

위 그림에서 木 火 土 金 水로 이어지는 바깥쪽 화살표는 상생의 관계를 나타냅니다. 점선으로 만들어진 안쪽 화살표는 상극하는 관계를 나타냅니다.

木이 火를 생하는 것은 봄이 무르익어 여름을 불러오는 것과 같습니다. 또한 木은 시작과 계획을 뜻하는데, 이것을 실행하는 것이 火입니다. 봄에 木기운으로 나무가 자라고 火의 기운으로 나무는 꽃을 피우며, 土의 열매를 맺는 과정이 木생火, 火생土의 상생관계입니다.

土는 양인 木·火와 음인 金·水를 연결해주는 역할을 합니다. 따라서 양인 木·火가 土를 만나 음인 金·水로 연결되는 분기점이 바로 火생土가 되는 것입니다. 木생火로 나무에 꽃을 피우고 火생土로 열매를 맺으며, 土생金으로 추수하여 결실을 이룹니다. 金의 결실로 水라는 씨앗을 남기는데 이것이 金생水이며, 이 씨앗인 水는 다음 해의 木으로 다시 태어납니다. 이러한 순환과정을 상생이라고 합니다.

대개 사람들은 상생은 좋은 것이고 상극은 나쁜 관계로만 인식하는 경우가 많습니다. 다음의 글을 읽어보겠습니다.

> 木은 火를 생하지만 木이 너무 많으면 火는 꺼지며
> 火는 土를 생하지만 火가 너무 많으면 土가 말라서 갈라진다.
> 土는 金을 생하지만 土가 너무 많으면 金이 土에 묻혀버리고
> 金은 水를 생하지만 金이 너무 많으면 水는 탁해진다.
> 水는 木을 생하지만 水가 너무 많으면 木은 물에 뜬다.

이것은 상생이 지나칠 때의 현상을 말합니다. 비유하자면 엄마가 자식의 모든 것을 알아서 다 해줘 결국 자식을 바보로 만드는 것과 같습니다.

이것을 생(生)의 과다(過多)라고 합니다.

사주명리학에서 기운을 빼내는 것을 설(洩) 한다고 하는데 나의 기운이 강할 때는 이 설(洩) 하는 것이 꼭 필요하고 길(吉)한 것이지만 힘이 없을

때 기운을 설(洩) 해야 하는 상황이라면 좋지 않겠죠. 바로 설(洩)의 과다(過多)인 경우입니다. 다음은 상생(生)해주는 입장에서는 힘이 없는데 상생을 해줘야 하는 대상의 양과 수가 지나친 경우를 살펴보겠습니다.

> 木은 火를 생하지만 火가 지나치게 많으면 木은 불이 붙는다.
>
> 火는 土를 생하지만 土가 지나치게 많으면 火는 어두워지고
>
> 土는 金을 생하지만 金이 지나치게 많으면 土는 허물어진다.
>
> 金은 水를 생하지만 水가 지나치게 많으면 金은 물에 잠겨버리고
>
> 水는 木을 생하지만 木이 지나치게 많으면 水는 오그라든다.

이것은 마치 가난한 집에 먹이고 보살펴야 할 자식들이 많은 경우와 같습니다. 상생도 주고받는 입장이 서로 적당하고 필요할 경우에만 길하다는 의미입니다. 상생하는 관계라고 모두 좋은 것은 아닙니다.

6일차

4×4=사주여행

📑 상생상극의 규칙과 이중성

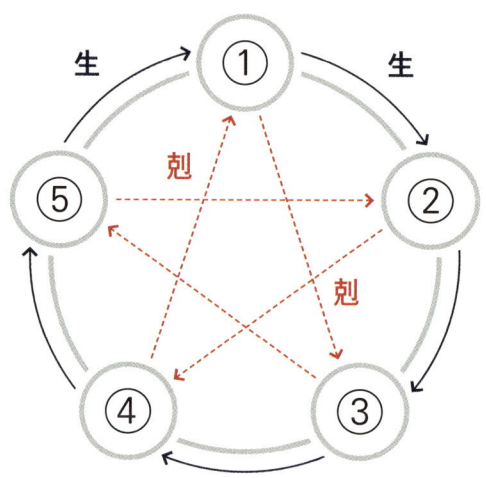

◎ 오행에서 1번을 나 자신으로 봅니다.

나(1번)가 **木이면** 2번은 火, 3번은 土, 4번 金, 5번은 水가 됩니다.

나(1번)가 **火이면** 2번은 土, 3번은 金, 4번 水, 5번은 木이 됩니다.

나(1번)가 **土라면** 2번은 金, 3번은 水, 4번 木, 5번은 火가 됩니다.

나(1번)가 **金이면** 2번은 水, 3번은 木, 4번이 火, 5번은 土가 됩니다.

나(1번)가 **水이면** 2번은 木, 3번은 火, 4번 土, 5번 金으로

木- 火- 土- 金- 水- 木- 火- 土- 金- 水- 木 …… 의 순서로 배치됩니다.

상생: 나(1)는 2를 생하고 2는 3을 생합니다. 3은 4를 생하고 4는 5를 생합니다. 5는 다시 나(1)를 생하면서 상생합니다.

상극: 나(1)는 3을 극하고 3은 5를 극합니다. 5는 2를 극하고 2는 4를 극합니다. 4는 나(1)를 극하면서 서로 상극합니다.

상생상극: 나(1)는 2를 생하지만 2는 나를 극하는 4를 극하고 내가 극하는 3을 생합니다. 3은 나(1)에게 극을 받지만 나를 극하는 4를 생하고 나(1)를 생하는 5를 극합니다. 5는 나(1)를 생하지만 내가 생하는 2를 극합니다. 4는 나(1)를 극하지만 나를 생하는 5를 생하기도 합니다.

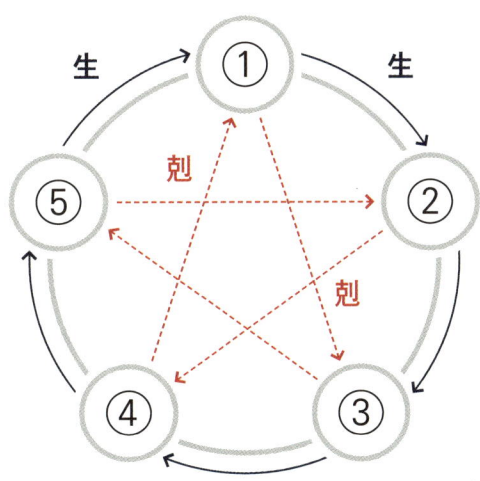

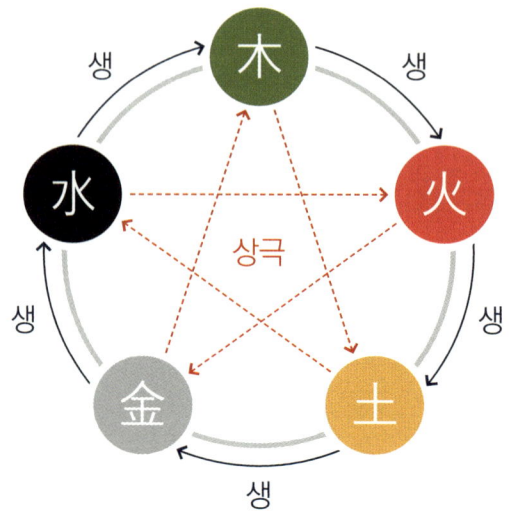

이번엔 상극 관계에 대해 보다 자세히 알아보겠습니다. 극(剋) 한다는 것은 달리 말하면 짝짓기입니다. 짝을 지으려 한다는 것이죠. 木은 土와 짝을 맺으려는 것이고 土는 木에게 짝짓기를 당하는 것입니다. 木은 土를 극하니 짝짓기 하려는 것이고 土의 입장에서는 극(剋)을 당하는 것이죠.

土는 水와 짝을 맺으려는 것인데 土극水이니 水 입장에선 극(剋)을 당하는 것이고 水는 火와 짝을 맺으려는 것인데 水극火로 火의 입장에선 극(剋)을 당하는 것입니다. 火극金, 金극木도 마찬가지로 극(剋)을 하는 입장에선 짝을 맺으려는 것이지만 극(剋)을 당하는 입장에선 상극인 겁니다.

사주를 볼 때 사람들이 제일 궁금해하는 것이 무엇일까요? 아마도 '재수가 좋은가?' 일 겁니다. 이 재수(財數)에서 재(財)라는 글자는 재물을 의미합니다.

흥미로운 것은 **상극 관계에서 내가 극(剋) 하고자 하는 것, 짝을 지으려고 하는 그것이 바로 재(財)입니다.** 극(剋)을 하려는 이유가 바로 재(財)이기 때문에 그렇습니다.

사주에서 재(財)는 돈이나 재물만을 뜻하지 않습니다. 남자의 경우 여자를 뜻하기도 하고 아버지를 뜻하기도 하며 직장을 뜻하기도 합니다. 세상을 살아가려면 당연히 짝을 맺고 살아야 삶이 수월합니다. 그래서 극(剋)을 하려는 것입니다.

木은 土를 재(財)로 삼고, 土는 水를 재(財)로 보며, 水는 火를 재(財)로 삼습니다. 火는 金을 재(財)로 삼고 金은 木을 재(財)로 봅니다. 상극관계란 내가 재(財)와 짝을 맺으려는 관계이고 재(財)입장에선 극(剋)을 당하는 것입니다.

이 극(剋)을 당하는 것에 대해 좀 더 생각해 보도록 하겠습니다. 木이 土를 극(剋)할 때 극(剋)을 당하는 土는 싫기만 할까요?

넓은 땅(土)이 하나 있습니다. 허허벌판에 이름도 없는 땅입니다. 어느 날 그 넓은 땅에 대규모 아파트 단지가 들어섭니다. 이름 없던 땅에 상가와 건물이 들어서고 학교가 생겨납니다. 땅(土)은 드디어 이름과 가치를 부여받습니다. 여기에서 아파트와 상가 및 그 땅에 살고 있는 사람들은 木이며 이름 없던 땅이 바로 극(剋)을 당하는 土입니다.

극(剋)을 당한다는 것은 정체성이나 의무를 부여받는 것입니다. 우리

7 일차

4×4=사주여행

가 흔히 '관운이 어떻다.' 라고 얘기할 때 자신을 극(剋)하는 오행이 바로 관운입니다. 이제 다시 생각해 봅니다. 극(剋)을 당하는 것은 싫기만 할까요?

물론 상생도 적당해야 하듯 상극하는 관계도 극(剋)을 당하는 입장에서 감내할 만한 상극이어야 합니다. 다음의 글을 살펴보겠습니다.

> 약한 **木**이 **金**을 만나면 반드시 잘리고
> 약한 **金**이 **火**를 만나면 반드시 녹아버린다.
> 약한 **火**가 **水**를 만나면 반드시 꺼져버리고
> 약한 **水**가 **土**를 만나면 반드시 스며들어 사라진다.
> 약한 **土**는 **木**을 만나면 반드시 무너져버린다.

대개 시련은 사람을 강하게 한다지만 시련도 적당해야 합니다. 지나치면 사람을 찌그러뜨립니다. 이러한 경우를 극(剋)의 과다(過多)라고 합니다.

반대로 극이 잘 통하지 않는 경우가 있습니다. 법이 있지만 사람들이 그 법을 우습게 여기고 따르지 않는 무법지대의 상황과 같습니다. 다음의 글을 살펴보겠습니다.

> 金이 木을 극하지만 木이 너무 강하면 金은 부러지고
>
> 木이 土를 극하지만 土가 너무 강하면 木이 꺾여버린다.
>
> 土가 水를 극하지만 水가 너무 강하면 土는 떠내려가고
>
> 水가 火를 극하지만 火가 너무 강하면 水는 증발한다.
>
> 火가 金을 극하지만 金이 너무 강하면 火는 꺼져버린다.

이것은 극(剋)이 무력(無力)한 경우를 말합니다. 극(剋)이 지나친 것도 무력한 것도 모두 사주에서는 흉(凶)하게 보며 관운이 없는 경우입니다. 관운은 반드시 승진이나 고위 관료가 되는 것만을 말하지 않습니다. 승진하거나 일의 결실을 이루는 것이 관운입니다. 남자에게는 자식을 뜻하기도 합니다.

지금까지 10개의 천간과 12개 지지의 분화과정을 알아보았습니다. 또 천간과 지지가 결합하여 60개의 간지가 생성되는 것도 알아봤습니다. 육십갑자라고 불리는 60개의 간지가 년, 월, 일, 시에 두 글자씩 배치되어 년주, 월주, 일주, 시주가 되고 이 네 기둥에 있는 여덟 글자를 사주팔자라고 부른다는 것도 알아보았습니다. 또한 오행의 상생과 상극에 대해 대략 살펴봤는데요. 상생도 지나치면 독이 되고, 상극도 적당해야 좋다는 것도 알아봤습니다. 이제는 십성(十聖)에 대한 이야기를 할까 합니다. 십성(十聖)은 사주해석의 깊이와 흥미를 더하는 부분입니다.

7일차

4×4=사주여행

📑 오행의 여러가지 형상들

	木	火	土	金	水
기본형	나무	불	흙	돌·쇠	물
천간	甲乙	丙丁	戊己	庚辛	壬癸
지지	寅卯	巳午	辰戌丑未	申酉	亥子
일년	봄	여름	환절기	가을	겨울
하루	새벽	오전	오후	저녁	밤
인생	소년기	청년기	장년기	중년기	노년기
몸속	신경계	순환계	근육질	뼈·치아	혈액계
오장	간장	심방	비장	폐장	신장
육부	쓸개	소장·삼초	위	대장	방광
얼굴	눈	시력	입	코	귀
입속	맛보기	혓바닥	입술	치아	침
맛	신맛	쓴맛	단맛	매운맛	짠맛
색깔	푸른색	붉은색	노란색	하얀색	검은색
오상(五常)	인(仁)	예(禮)	신(信)	의(義)	지(智)
사대문	동대문	남대문	보신각	서대문	자하문
방향	동쪽	남쪽	중앙	서쪽	북쪽
마음	천진난만	열정	안정	의리	음모
직업	교직자	연예인	종교인	군인·경찰	법관
지역	강원도	경상도	충청도	전라도	함경도
태양계	목성	화성	지구·토성	금성	수성
자동차	가속기	엔진	기어	브레이크	오일
발음	ㄱ ㅋ	ㄴ ㄷ ㄹ ㅌ	ㅇ ㅎ	ㅅ ㅈ ㅊ	ㅁ ㅂ ㅍ

8일차

28일간의 사주여행

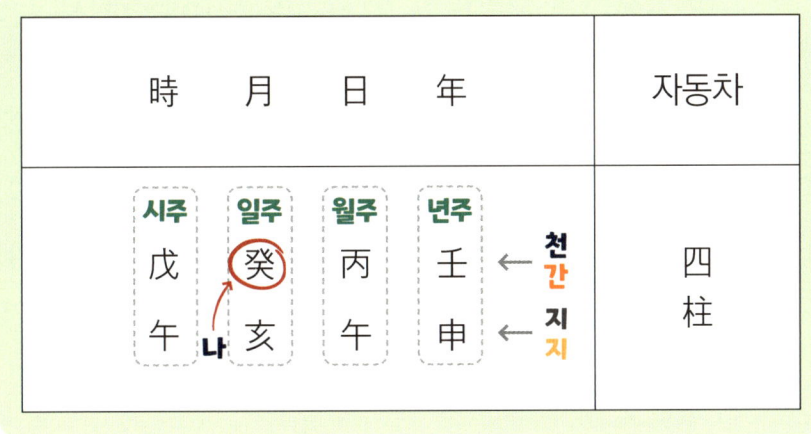

지난 5일차 내용 중에 어플로 생년월일시를 입력하여 사주를 뽑는 법에 대해 알아봤는데요. 위의 그림처럼 년주, 월주, 일주, 시주가 나온 것을 사주라고 하는데, 여기서 일간 즉 일주의 천간 글자를 사주에선 본인으로 봅니다. 일간은 사주의 주인공이며 모든 사주를 감명하는 기준점이 됩니다.

지금부터는 사주 공부에 매우 중요한 '십성'에 대해 설명할까 합니다.

사주를 뽑으면 생일의 천간인 '나'는 甲, 乙, 丙, 丁, 戊, 己, 庚, 辛, 壬, 癸의 10종 중에 하나가 될 것입니다. '나'에 해당하는 이 생일 천간이 나머지 천간과 지지에 배치되거나 운에서 만날 수 있는 甲, 乙, 丙, 丁, 戊, 己, 庚, 辛, 壬, 癸의 십간과 어떤 관계에 해당하는지 그 의미와 이름을 부여한 것이 바로 십성(十聖)입니다.

십이지 또한 子(癸), 丑(己), 寅(甲), 卯(乙), 辰(戊), 巳(丙), 午(丁), 未(己), 申(庚), 酉(辛), 戌(戊), 亥(壬)로 12종이지만 10개의 천간으로 구성되기 때문에 10성(십성十聖)으로 나타낼 수 있습니다.

8일차

다시 말해 십성은 사주의 주인공인 '나'와 '나'의 주변 가족과 지인 등 육친들의 관계를 나타낸 것이라고도 할 수 있습니다.

그리고 열 개의 천간인 십간을 위의 그림처럼 십성(十聖)으로 나타낼 수 있습니다. 일단 1번 위치에 있는 나와 같은 오행엔 비견과 겁재가 있습니다.

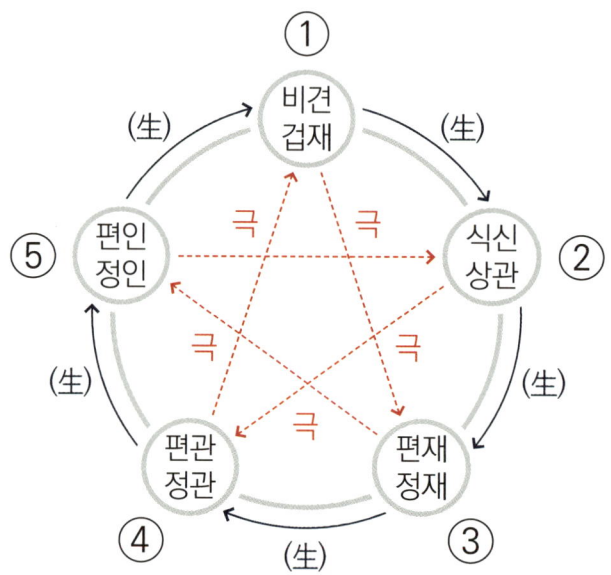

내가 생하는 2번에는 식신과 상관이 있습니다. 내가 극(剋)을 하는 3번 위치에는 편재와 정재가 있고 나를 극(剋)하는 4번에는 편관과 정관이 있습니다. 마지막으로 나를 생하는 5번은 편인과 정인이 있습니다. 우선은 1번인 나(사주의 일간)의 위치와 다른 번호의 위치를 따지고 각 번호에 부여된 이름 두 가지를 익히면 됩니다.

이렇게 1번 ~ 5번의 자리에 두 개씩 총 10개로 십성을 이룹니다. 십성은 일간과 관계별로 간지에 명칭을 붙인 것입니다.

사주에서 일간(나)과 같은 오행에는 비견(比肩)과 겁재(劫財)가 있습니다. 여기서 비견이란 일간과 음양도 동일한 경우를 말하며 겁재는 오행은 같지만 음양이 반대인 천간과 지지를 말합니다.

예를 들어 甲목이 일간(나)인 경우 천간의 甲목과 지지의 寅목이 비견이고 천간 乙목과 지지의 卯목이 겁재입니다.

일간(나)이 생하는 오행을 식신(食神)과 상관(傷官)이라고 합니다. 여기서 식신은 일간과 음양도 동일한 경우를 말하며 상관은 오행은 같지만 음양이 반대인 천간과 지지를 말합니다.

甲목 일간일 경우 천간의 丙화와 지지의 巳화가 식신이고 천간 丁화와 지지의 午화는 상관입니다.

일간(나)이 극하는 오행을 편재(偏財)와 정재(正財)라고 합니다. 여기서 편재는 일간과 음양이 같은 간지(천간이나 지지)를 말하고 정재는 일간과 음양이 반대인 재성을 말합니다.

甲목 일간일 경우 천간의 戊토와 지지의 辰토 戌토는 편재이고 천간의 己토와 지지의 丑토 未토는 정재입니다.

8일차

4×4=사주여행

일간(나)을 극(剋)하는 오행을 편관(偏官)과 정관(正官)이라고 합니다. 그 중에 일간과 음양이 동일한 것을 편관이라 하고 음양이 다른 것을 정관이라 합니다.

甲목 일간일 경우 천간의 庚금과 지지의 申금은 편관이고 천간의 辛금과 지지의 酉금은 정관입니다.

일간(나)을 생하는 오행은 편인과 정인(正印 – 인수印綬 라고도 함)이라고 합니다. 그 중에 일간과 음양이 같은 것을 편인이라 하고 음양이 다른 것을 정인이라고 합니다.

甲목 일간일 경우 천간의 壬수와 지지의 亥수가 편인이고 천간의 癸수와 지지의 子수는 정인입니다.

이상 십개 항목을 '십성'이라 하며 사주해석에 중요한 용도로 쓰입니다. 예를 들어, 편재는 아버지이며 남자의 경우 정재는 처를 뜻하고, 여자의 경우 편재는 시어머니를 뜻하며 정인은 사위, 정관은 며느리에 해당하는 등의 흥미로운 내용이 숨겨져 있으니 꼭 암기해 두시기 바랍니다.

요약

비견: 일간과 오행이 동일하고 음양이 또한 같은 것

겁재: 일간과 오행이 동일하나 음양이 다른 것

식신: 오행상 일간이 생하는 것으로 음양이 같은 것

상관: 일간이 생하는 것으로 음양이 다른 것

편재: 오행상 일간이 극하는 것으로 음양이 같은 것

정재: 일간이 극하는 것으로 음양이 다른 것

편관: 오행상 일간을 극하는 것으로 음양이 동일한 것

정관: 일간을 극하는 것으로 음양이 다른 것

편인: 오행상 일간을 생하는 것으로 음양이 동일한 것

인수: 일간을 생하는 것으로 음양이 다른 것

육친조견표

甲	乙	丙	丁	戊	己	庚	辛	壬	癸	日干(기준) / 干支
비견	겁재	편인	정인	편관	정관	편재	정재	식신	상관	甲 寅
겁재	비견	정인	편인	정관	편관	정재	편재	상관	식신	乙 卯
식신	상관	비견	겁재	편인	정인	편재	정재	편재	정재	丙 巳
상관	식신	겁재	비견	정인	편인	정관	편관	정재	편재	丁 午
편재	정재	식신	상관	비견	겁재	편인	정인	편관	정관	戊 辰 戌
정재	편재	상관	식신	겁재	비견	정인	편인	정관	편관	己 丑 未
편관	정관	편재	정재	식신	상관	비견	겁재	편인	정인	庚 申
정관	편관	정재	편재	상관	식신	겁재	비견	정인	편인	辛 酉
편인	정인	편관	정관	편재	정재	식신	상관	비견	겁재	壬 亥
정인	편인	정관	편관	정재	편재	상관	식신	겁재	비견	癸 子

9일차

4×4=사주여행

십성(十聖)을 다른 말로 '육신(六神)' 또는 '육친(六親)'이라고도 합니다. 십성 열 가지 중에 나(비견과 겁재를 포함)를 제외한 식신, 상관, 재성, 편관, 정관, 인성 이렇게 여섯 가지를 '육신(六神)' 또는 '육친(六親)'이라고 합니다.

이처럼 10개의 십성을 여섯으로 묶은 이유는 사주의 이름표를 붙이는 작업(격국-格局) 때문입니다. 이 부분은 나중에 다시 언급하도록 하겠습니다.

흥미로운 점은 이 육신이 곧 나의 형제자매, 장모, 사위, 아버지, 처, 어머니 자식, 남편 등의 육친을 가리킨다는 점입니다. 그래서 '육신' 또는 '육친' 이라고 부릅니다. 따라서 해당 육신의 동태를 보고 나와의 궁합을 판단하기도 합니다.

일간과의 관계	해당자
1 일간과 같은 오행 (비견, 겁재)	나, 형제자매, 며느리
2 일간이 생하는 오행 (식신, 상관)	장모, 사위
3 일간이 극하는 오행 (편재, 정재)	아버지, 부인, 형수, 제수, 처남, 처형, 처제
4 일간을 극하는 오행 (편관, 정관)	자식, 직장 상사
5 일간을 생하는 오행 (편인, 정인)	어머니, 장인

〈남성의 육친 관계〉

일간과의 관계	해당자
1 일간과 같은 오행 (비견, 겁재)	나, 형제자매, 시아버지
2 일간이 생하는 오행 (식신, 상관)	자식
3 일간이 극하는 오행 (편재, 정재)	아버지, 시어머니, 올케
4 일간을 극하는 오행 (편관, 정관)	남편, 형부, 며느리, 시아주버니, 시누이, 시동생
5 일간을 생하는 오행 (편인, 정인)	어머니, 사위

〈여성의 육친 관계〉

우선, 1번부터 설명 하겠습니다. 1번의 경우 비견과 겁재는 나와 오행이 같으므로 형제자매, 동료 등을 뜻합니다. 그런데 며느리는 왜 1번일까요?

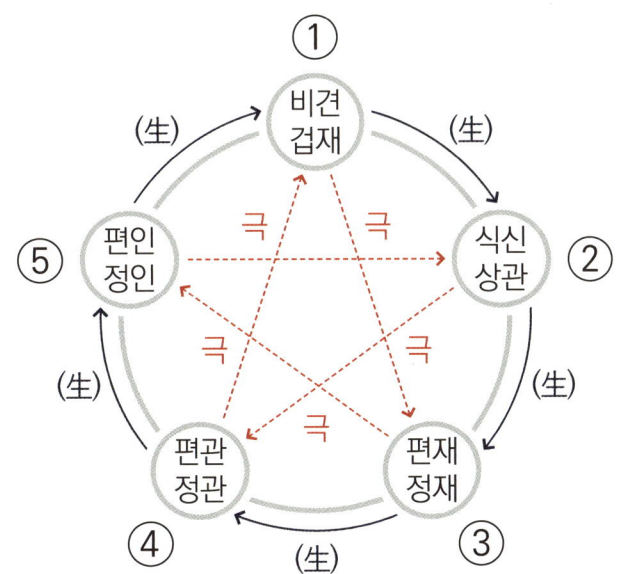

9일차

4×4=사주여행

남자의 경우 4번이 자식(아들)인데 4번 관성(官聖)이 극(剋)하는 것이 처입니다. 따라서 4번으로부터 극(剋)을 받는 것은 아버지인 나나 며느리가 같기 때문입니다. 남자의 경우만 그렇습니다.

여자는 내가 직접 생하고 낳은 것이 자식이니 2번 식신과 상관을 자식으로 봅니다. 때문에 자식(아들)인 2번이 극하는 4번이 며느리가 됩니다.

여자의 경우 2번이 자식이고 남자의 경우 2번은 장모 또는 사위가 됩니다. 남자의 처는 3번인데 3번을 생하는 것이 2번이기에 2번이 장모가 됩니다. 또 남자의 경우 자식이 딸일 경우 4번의 딸 자식을 극하는 2번이 딸의 남편이 되므로 2번이 사위가 되는 것입니다.

상당히 복잡하지만 흥미로운 내용입니다. 여러 차례 읽고 숙지하시길 바랍니다.

이어서 3번을 보겠습니다. 3번은 남녀 공통으로 아버지를 뜻합니다. 내가 극(剋)하는 재성을 아버지로 봅니다. 또한 남자의 경우 내가 극(剋)을 하니 처를 뜻합니다. 따라서 남자의 경우 아버지와의 관계가 곧 배우자와의 궁합을 암시하기도 합니다. 3번은 나와 형제인 1번이 극(剋)을 하는 관계이므로 남자의 경우 형수, 제수, 처의 형제들인 처남, 처형을 뜻하기도 합니다.

3번에는 여러 육친들이 걸쳐있습니다. 여자의 경우 시어머니를 뜻합니다. 내 남편인 4번 관성을 생하는 것이 3번이니까요. 따라서 여자의 경우 아버지와 시어머니는 같은 오행입니다. 이로써 아버지와 사이가 좋은 여성은 시어머니와의 관계도 원만할 것이라는 것을 추측해 볼 수 있습니다.

나를 극(剋)하는 4번은 남자의 경우 자식, 그리고 남녀 모두 직장 상사, 관운 등을 뜻합니다. 여자에게는 남편과 남편의 형제인 시아주버니, 시누이, 시동생과 형부를 뜻합니다. 여자의 경우 자식이 아들일 때 아들인 2번이 극(剋)을 하니 며느리가 됩니다. 원래부터 며느리는 시어머니와 상극 관계이며 나를 이기는 관계입니다.

5번은 나를 생하므로 남녀 모두 어머니를 뜻합니다. 남자의 경우 처인 3번이 극을 하므로 처의 아버지 즉 장인이 되며, 여자의 경우 딸인 2번을 극(剋)하니 사위가 됩니다.

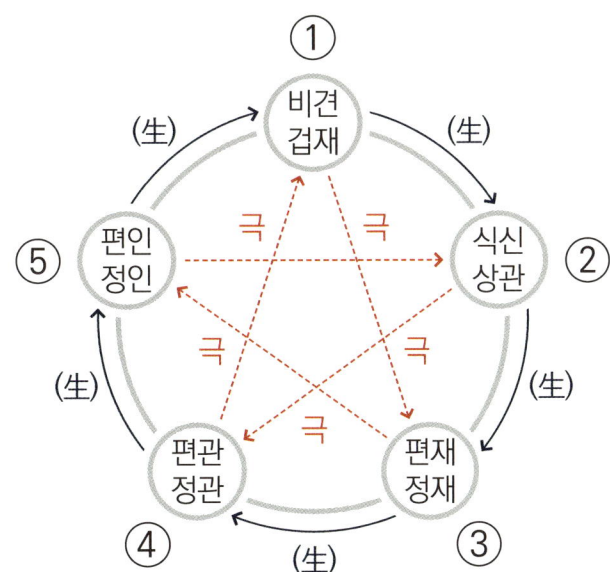

10 일차

4×4=사주여행

🔖 왕상휴수사

모든 오행은 1번 비견이나 겁재를 만나면 강해지니 왕(旺)하게 됩니다.

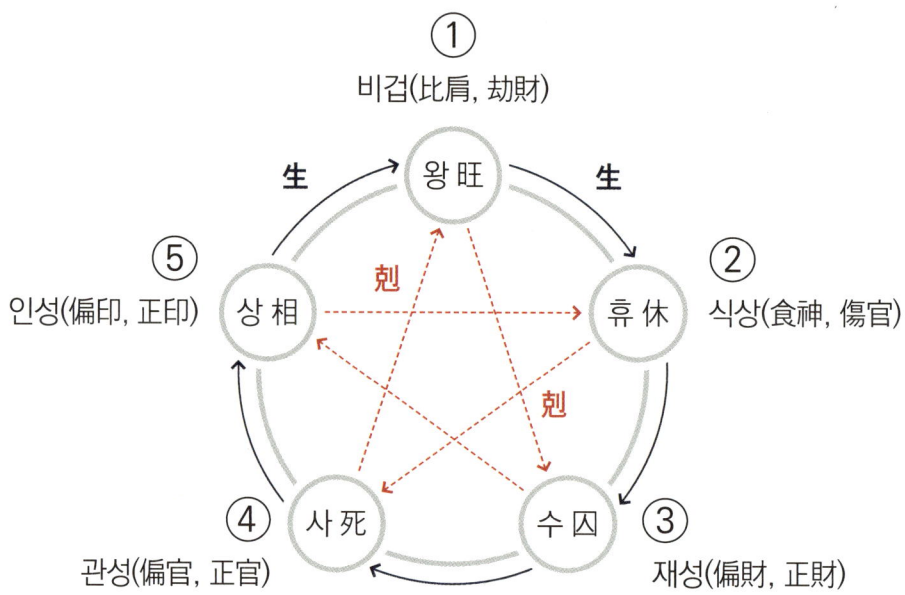

모든 오행은 5번 편인이나 정인을 만나면 상생을 받아 힘이 생기니 상(相)이라고 하며 왕(旺) 다음으로 역시 강해집니다.

모든 오행은 2번 식신이나 상관을 만나면 생해주느라 기운을 쓰게 되니 쉴 휴(休)를 써서 휴(休)의 상태가 됩니다. 다소 약해진 상태입니다.

모든 오행은 3번 내가 극(剋)하는 오행을 만나면 극(剋)하느라 기운을 강하게 쓰게 되니 마치 '감옥에 갇힌 듯하다' 하여 가둘 수(囚)를 씁니다. 휴(休) 보다 더 많이 약해집니다.

모든 오행은 4번 나를 극(剋)하는 오행을 만나면 극(剋)을 당하느라 기운을 완전히 빼앗기게 되니 죽을 사(死)를 쓰며 가장 약한 상태가 됩니다.

요약하면 모든 오행은 자신이 만나는 오행과의 관계에 따라
'왕 – 상 – 휴 – 수 – 사'의 순서대로 힘을 얻거나 빼앗기게 되며 이 중 왕과 상만이 힘을 줄 뿐, '휴 – 수 – 사'는 모두 힘을 빼앗아 가는 관계입니다.

※ 왕상휴수사 속견표

* 왕상휴수사는 사주팔자 내에서 또는 만나는 운에서 오행의 상관관계에 따라 해당 오행이 상생 상극에 의해 강해지는지 약해지는지를 판별하는 도구입니다. 또 강하면 얼마나 강해지고 약화되면 얼마나 약화되는지 그 기운의 세기를 간단히 측정할 수 있는 것입니다.

오행(계절) 기준	木	火	土	金	水
木	왕(旺)	휴(休)	수(囚)	사(死)	상(相)
火	상(相)	왕(旺)	휴(休)	수(囚)	사(死)
土	사(死)	상(相)	왕(旺)	휴(休)	수(囚)
金	수(囚)	사(死)	상(相)	왕(旺)	휴(休)
水	휴(休)	수(囚)	사(死)	상(相)	왕(旺)

11일차 — 4×4=사주여행

📑 지지에 저장된 지장간(支藏干) 알아보기

땅 12 지지		목(봄)	화(여름)	토(환절기)	금(가을)	수(겨울)
지(支)	양	寅(인) =甲	巳(사) =丙	辰(진) 戌(술) =戊	申(신) =庚	亥(해) =壬
	음	卯(묘) =乙	午(오) =丁	丑(축) 未(미) =己	酉(유) =辛	子(자) =癸

이전에 지지를 배우며 子(癸), 丑(己), 寅(甲), 卯(乙), 辰(戊), 巳(丙), 午(丁), 未(己), 申(庚), 酉(辛) 戌(戊), 亥(壬)의 지지는 괄호 속의 본기와 같다고 배웠습니다. 편의상 가장 많은 비중을 차지하고 있는 본기만을 알려드렸습니다. 이렇게 지지 속에 숨어있는 천간을 지장간(支藏干)이라고 하고 장간(藏干) 또는 암간(暗干)이라고도 합니다. 이제 지장간에 숨겨진 모든 천간, 즉 진짜 지장간을 배워보겠습니다.

지장간 속에는 여러 천간이 암장되어 다른 지지와 서로 합하고 충합니다. 보다 정밀한 사주 해석을 위해서 반드시 외우고 익혀야 합니다. 예를 들어 사주 중에 자식이 먼저 생겨서 결혼하는 팔자가 있는데 지장간의 합으로 그것을 알 수 있습니다. 또한 장모를 모시고 살 팔자라든가 시부모를 모시고 살 팔자 등도 지장간을 보고 예측할 수 있습니다.

그 외에 추후에 설명할 삼합과 십이신살도 지장간으로 해석이 되기에 꼭 익혀야 합니다.

십이지 암장 & 십이지 월률분야장간

지장간 속견표 (十二支 暗藏速見表)		월률분야장간 (十二支 月律分野藏干)	
地支	藏干	地支	藏干
子	癸	子	壬(10일) (20일)
丑	癸 辛 己	丑	癸(9일) 辛(3일) (18일)
寅	丙 甲	寅	戊(7일) 丙(7일) 甲(16일)
卯	乙	卯	甲(10) 乙(20)
辰	乙 癸 戊	辰	乙(9) 癸(3) 戊(18)
巳	戊 庚 丙	巳	戊(7) 庚(7) 丙(16)
午	己 丁	午	丙(10) 己(9) 丁(11)
未	丁 乙 己	未	丁(9) 乙(3) 己(18)
申	壬 庚	申	戊(7) 壬(7) 庚(16)
酉	辛	酉	庚(10) 辛(20)
戌	辛 丁 戊	戌	辛(9) 丁(3) 戊(18)
亥	甲 壬	亥	戊(7) 甲(7) 壬(16)

11 일차

4×4=사주여행

표로 보면 일견 상당히 복잡해 보이지만 설명을 들으면 그다지 어렵지 않을 것입니다. 왼쪽의 지장간 속견표라고 하는 것이 우리가 외워야 할 '지장간'입니다. 먼저 지장간을 세 종류로 나누어 살펴보겠습니다.

첫째 子(癸), 午(己 丁), 卯(乙), 酉(辛)를 먼저 보시면 午화를 제외하고는 모두 한 가지 기운으로 되어 있습니다. 그러니 기존처럼 子수의 본기는 癸수, 卯목의 본기는 乙목, 酉금의 본기는 辛금으로 기억하면 됩니다. 이와 달리 午화에는 丁화 외에 己토가 섞여 있습니다.

둘째 寅, 申, 巳, 亥를 보면 巳를 제외하고 모두 두 가지 천간으로 이루어져 있습니다. 寅은 (丙, 甲)으로 되어있고 申은 (壬, 庚)의 천간이 암장되어 있으며 亥는 (甲, 壬)의 천간이 들어있습니다. 巳화만이 (戊, 庚, 丙)의 세 가지 천간으로 구성되어 있습니다.

마지막 셋째 辰, 戌, 丑, 未를 보면 모두 세 가지 천간이 암장되어 있습니다. 이것은 왼쪽 표와 오른쪽 표가 모두 동일합니다. 辰토는 (乙, 癸, 戊)가 들어있고 戌토는 (辛, 丁, 戊)로 되어 있으며 丑토는 (癸, 辛, 己) 이며 未토는 (丁, 乙, 己)입니다. 모두 순서대로 기억하시면 됩니다.

오른쪽 월률분야 장간표에 대한 설명입니다. 오른쪽 표는 지지가 월에 위치할 때 즉 월지일 때의 지장간입니다. 나머지 년지, 일지, 시지의 지지에 위치할 때는 왼쪽표의 지장간을 보면 됩니다.

10-20, 9-3-18, 7-7-16의 3종류 숫자 조합은 합하였을 때 30이 되는 숫

자로 한 달을 나타냅니다. 월지이기 때문에 그렇습니다. (* 午월만 10-9-11의 조합임) 즉 한 달 30일 중 어느 천간이 며칠간 강세를 띠며 당령했는지(세력을 잡았는지)에 대한 표시입니다.

> **子午卯酉**는 午를 제외하고 모두 10일, 20일로 구성
> **寅申巳亥**는 모두 7일, 7일, 16일로 구성
> **辰戌丑未**는 모두 9일, 3일, 18일로 구성

🔖 여기, 중기, 본기의 뜻

> **여기(餘氣)** : 이월되어 남아있는 지난 달의 기운
> **중기(中氣)** : 핵심이 되거나 시초가 되는 기운
> **본기(本氣)** : 지지의 가장 왕성한 본래 기운

예를 들어 子월에 들어서면 壬(10일), 癸(20일)로 10일은 전달 亥월의 여기(餘氣)인 壬수가 월령을 얻고(월의 세력을 잡고) 나머지 20일은 본기인 癸수가 월령을 얻습니다. 여기서 본기인 癸수는 또다시 다음 달인 丑토로 넘어가 丑월의 여기가 됩니다.

따라서 丑월은 여기인 癸수가 9일간 세력을 얻고, 중기인 辛금이 3일, 본기인 己토가 18일동안 세력을 얻어 한 달이 구성됩니다.

11일차

4×4=사주여행

寅월에 丑토의 본기인 己토가 아닌 戊토가 이월된 것은 전달인 丑토의 본기 己토가 음양이 바뀌고 이월되어 戊(여기), 丙(중기), 甲(본기)이 된 것입니다.

(겨울의 끝인 丑월 ~ 寅월 입춘으로 갈 때와 여름의 끝인 未월~申월 입추로 갈 때 본기의 음양이 바뀌어 다음 달 여기로 이월됨)

卯월은 전달인 寅목의 본기 甲목이 이월되어 甲(여기), 乙(본기)의 조합이 되었습니다.

辰월은 卯월의 乙목 여기를 시작으로 乙(여기), 癸(중기), 戊(본기)가 됩니다. 戊토 본기는 다음 달인 巳월로 이월 되어 巳월은 戊(여기), 庚(중기), 丙(본기)이 됩니다.

본래 子월, 午월, 卯월, 酉월은 10일과 20일로 한 달이 구성되나 午월은 丙(10) 己(9) 丁(11)로 합은 30일로 같으나 10일-9일-11일로 조합이 다릅니다.

未월은 午월의 본기 丁화가 이월되어 丁(여기) 乙(중기) 己(본기)가 됩니다.

여름의 끝이자 양에서 음으로 바뀌는 시점인 未월의 己토가 申월의 여기로 갈 때 음양이 바뀐 戊토가 여기로 자리잡습니다.

따라서, **申월**은 戊(여기) 壬(중기) 庚(본기)로 이루어지고 申월의 본기 庚금이 이월되어 **酉월**은 庚(여기) 辛(본기)가 됩니다.

이렇게 戌월은 辛(여기) 丁(중기) 戊(본기)

亥월은 戊(여기) 甲(중기) 壬(본기)로 구성됩니다.

이제부터는 실제 사주를 살펴보면서 십성에 대해 알아보겠습니다.

1 비견(比肩)

비견은 형제나 동료를 뜻합니다. 또한 경쟁자의 의미도 있으므로 여자의 경우 남편의 여자나 첩 등을 표시하기도 합니다. 특성으로는 독립, 분가, 분리의 성향이 있고 자존심이 강함을 나타내기도 합니다.

時 日 月 年	
甲 甲 癸 戊 子 午 亥 申	四 柱

일간 甲목이 나 자신인데 시간에 甲목이 하나 더 있습니다. 이것이 비견입니다. 월주에 癸수, 亥수로 水가 강한 초겨울입니다. 시간에 비견 甲목과 子수 모두 나를 생하거나 나와 같은 오행이므로 甲목 일간은 신강(일주-자신의 기운이 강하다)하다고 합니다.

대개 내 기운이 강할 때는 나를 생해주거나 나와 같은 오행의 덕은 받지 못합니다. 일찍이 형을 사별하고 동생도 중년에 세상을 떠나 한 평생 형제 덕이 없는 사주입니다.

2 겁재(劫財)

겁재는 비견과 같이 형제, 이복형제, 남편의 여자 등을 표시하는 육신으로서 그 특성은 교만함, 투기와 요행 등입니다.

時 日 月 年	四 柱	대운 ←
戊 癸 丙 壬 午 亥 午 申		壬 辛 庚 己 戊 丁 子 亥 戌 酉 申 未

癸수가 午월 뜨거운 여름날에 태어났고 시간에서 다시 午시를 만나 火기운이 매우 뜨겁고 土기운도 강하게 癸수 일간을 극합니다. 癸수는 약해지니 이것을 신약한(일주가 약해진) 사주라고 합니다.

이렇게 뜨거운 사주에 불길을 잡아주는 것은 水오행일텐데요. 일지에 亥수 겁재를 보았습니다. 대운의 방향도 水기를 생조(生助)하는 申 酉 戌 亥 子의 가을과 겨울 방향으로 흘러 큰 부자가 되었습니다.

3 식신(食神)

식복을 뜻합니다. 십성 중에 유일하게 이름에 신(神)이 들어갑니다. 나를 극(剋)하는 것이 정관 편관의 관성인데 그 두려운 관성을 극(剋)해서 제어하니 자연스럽게 나는 편안해져 안심하고 밥을 먹을 수 있는 것입니다. 여자에게 있어서 식신은 자식을 뜻하고 남자에게는 장모 및 손자에 해당됩니다.

時 日 月 年	四柱	대운 ←
戊 戊 庚 庚 午 辰 辰 申		丙 乙 甲 癸 壬 辛 戌 酉 申 未 午 巳

辰월의 戊토로 태어나 비견인 戊토가 매우 많습니다. 게다가 시지에 午화가 火生土하니 戊토는 신강(身强)합니다. 이렇게 신강한 사주는 기운을 빼주거나 극(剋)을 해야하는데 극을 할 木이 보이지 않으니 土生金하여 강한 토의 기운을 金으로 빼야합니다. 식신이 되는 庚금과 申금이 대단히 왕성하여 일찍 관직에 올라 한 평생 관운이 그치지 아니하였으며, 삼 십여 년 동안 재상을 지냈다고 합니다.

4 상관(傷官)

상관은 편재인 아버지의 정인이 되니 친할머니가 되고 어머니인 정인의 편재가 되니 어머니의 아버지 즉 외할아버지를 나타냅니다. 남자에게는 편재인 첩의 어머니, 여자에게는 자식들을 의미합니다. 예술적 기질이 있고 겁재처럼 교만한 특성이 있다보니 상관이 겁재와 함께 있으면 더욱 사람을 얕보는 성향이 있습니다. '저거 내가 하면 더 잘 할 텐데....' 하는 마음이 상관의 마음입니다.

12일차

4×4=사주여행

★ 다음의 사주로부터 도출되는 여러 가지 이야기가 많으니, 집중해서 읽어주시기 바랍니다.

時 日 月 年	
丁 甲 壬 庚 卯 寅 午 戌	四 柱

甲목이 午월에 태어났으니 午월의 본기는 丁화라 상관월에 태어났습니다. 시간에 丁화가 **뿌리(천간이 지지 지장간에 비견이나 겁재가 있는 경우)** 午화를 월지에 두고 시간에 **투출(透出-줄기가 밖으로 나와 뿌리와 통함)**되었습니다. 甲목은 일지에 寅목 비견을 두고 시지에 卯목 겁재도 두었습니다.

위 사주는 일간 甲목도 강하고 丁화 상관도 강한데 결국 木生火로 기운은 火기로 집결되니 상관이 매우 강한 사주입니다. 거기다 겁재까지 두었으니 오만방자하기 이를 데 없습니다. 그 상관의 불기운을 壬수 편인이 식혀주는 것이 시급하나 뜨거운 午월 한여름에 약한 壬수마저 시간 丁화와 **丁壬합으로 묶여** 작용을 하지 못합니다. 게다가 지지는 **寅午戌 삼합**을 이루어 불바다로 온통 상관의 세상이 되었으니 조상의 이름을 더럽히는 사주가 되었습니다.

위 사주에서 丁화와 壬수의 천간 합의 얘기와 지지의 삼합(三合)이란 말이 나옵니다. 이 사주를 빌어 천간의 간합과 지지의 삼합(三合)을 알아보겠습니다.

甲-己 = (土): 중정지합(中正之合)

乙-庚 = (金): 인의지합(仁義之合)

丙-辛 = (水): 위제지합(威制之合)

丁-壬 = (木): 음난지합(淫亂之合)

戊-癸 = (火): 무정지합(無情之合)

13일차

4×4=사주여행

천간을 甲 乙 丙 丁 戊
　　　 己 庚 辛 壬 癸

위 아래 2열로 쓰면 자기로부터 다섯 번째 천간과 합을 하게 됩니다.

합의 이름은 별로 중요하지 않습니다. 중요한 것은 천간 다섯 번째 순위와 합을 한다는 것과 합을 하게 되면 본분을 잊고 상생상극의 일을 다하지 못한다는 것 정도로 기억해주시기 바랍니다.

혹시 삼재(三災)에 대한 이야기를 들어보셨습니까? 간단히 말하자면 세 가지 띠가 삼 년 동안 여러 재해를 겪는다는 것입니다. 여기서 모둠으로 묶이는 띠가 있는데요.

호랑이, 말, 개띠는 인오술(寅午戌) 삼합하여 火국이 됩니다. 다시 말해 호랑이, 말, 개에 해당하는 寅 午 戌은 합세하여 火를 강하게 하는 지지입니다. 그런데 火의 기세는 <u>12운성</u>으로 申년, 酉년, 戌년의 가을에 해당하는 年를 만나면 꺾이고 죽습니다.

그래서 申년(病)에 병들고 酉년(死)에 죽어서 戌(墓)년에 무덤에 들어가는 삼재를 겪는다는 말이 나온 것입니다. 이것을 '들삼재', 눌러 앉았다고 해서 '눌삼재', 삼재가 끝나는 '날삼재'라고도 하더군요.

어쨌든 삼재는 믿을 것이 못됩니다. 사주 여덟 글자 중에 오직 년지 한 글자인 띠를 가지로 말하는 것이라 신빙성이 낮습니다. 다만 나쁜 운인데 삼재까지 겹치면 가중되는 의미 정도는 있다고 보시면 됩니다.

그 다음 원숭이, 쥐, 용띠는 신자진(申子辰) 삼합하여 水국이 됩니다. 申 子 辰은 합세하여 水를 강하게 하는 지지입니다. 그런데 水의 기세는 <u>12 운성</u>으로 寅년에 병들고, 卯년에 죽어서, 辰년에 묘지에 들어갑니다. 그래서 寅, 卯, 辰年의 봄의 해가 삼재가 되는 것입니다. 여기서 삼재를 설명하는 것은 흥미를 돋우고 삼합을 이해시키기 위함이지 삼재를 설명하고자 하는 것이 아닙니다. 중요한 것은 申 子 辰이 삼합을 한다는 것과 이것이 수국(水局)으로 합세하여 水의 기운을 강하게 한다는 점입니다.

뱀, 닭, 소띠는 사유축(巳酉丑) 삼합하여 金국이 됩니다. 巳 酉 丑은 삼합하여 金을 강하게 하는 지지입니다. 金의 기운은 12운성으로 겨울에 해당하는 亥년을 만나 병들고 子년에 죽으며 丑년을 만나면 묘지에 들어갑니다. 따라서 뱀(巳), 닭(酉), 소(丑)띠는 亥 子 丑년이 삼재입니다.

돼지, 토끼, 양띠는 해묘미(亥卯未) 삼합하여 木국이 됩니다. 亥 卯 未는 삼합하여 木을 강하게 합니다. 木의 기운은 12운성으로 여름의 해를 만나면 삼재인데, 巳년을 만나 병들고 午년을 만나 죽으며 未년에 묘지에 들어갑니다. 따라서 돼지(亥), 토끼(卯), 양(未)띠는 巳 午 未년이 삼재입니다.

5 편재(偏財)

 편재는 남자에게는 아버지와 처 이외의 여자나 처의 형제들을 의미하고 여자에게는 아버지, 시어머니를 뜻합니다. 고정적이지 않은 수입, 투기, 공금 등을 의미합니다. 부자들은 대개 사주에서 편재가 긍정적으로 작용할 때가 많으며 정재가 고정적인 직업환경이라면 편재는 전국구라고 할 수 있습니다.

時 日 月 年		대운 ←
丁 庚 甲 乙 丑 申 申 亥	四 柱	戊 己 庚 辛 壬 癸 寅 卯 辰 巳 午 未

 庚금이 申월 비견월에 태어나 金이 강합니다. 더욱이 일지에 또다시 申을 보아 일간이 매우 강합니다. 이 사주는 강한 金기운을 상극하는 기운으로 눌러주거나(火극金) 상생하는(金생水) 기운으로 기운을 빼내야 길한데 사주에 丁화와 亥수 둘 다 있습니다. 金의 기운을 억제하는 것은 상극이 더 효과적이므로 丁화를 용신(用神-길신)으로 정합니다. 그런데 丁화 즉 정관은 뿌리가 없으므로 대단히 약합니다. 그러나 甲, 乙 두 재성이 丁화를 생하여 정관의 약함을 보충하고 대운이 巳 午 未 여름과 寅 卯 辰 봄으로 이어지니 평생 팔자가 대길했습니다.

時 月 日 年		대운(인생길) ←
나 → ㉠ ㉡ 甲 乙 운전수 → 丑 申 申 亥 (자동차)	四柱	戊 己 庚 辛 壬 癸 寅 卯 辰 巳 午 未

(표의 천간: 丁 庚 甲 乙)

사주는 자동차요, 내가 그 차의 주인이라면 용신(用神)은 운전수와 같습니다.

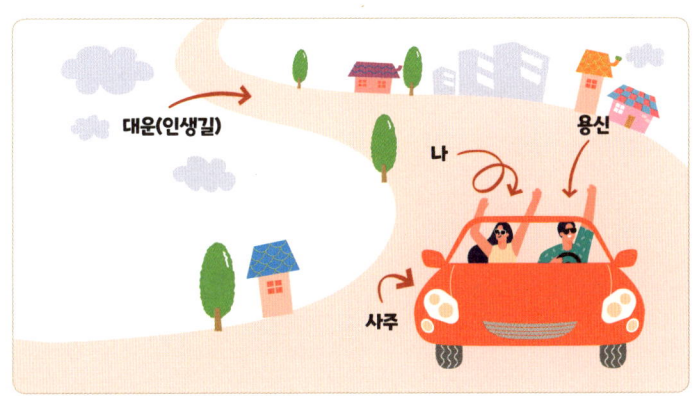

6 정재(正財)

정재는 월급과 같은 고정수입, 고정적인 활동무대 즉 직장을 뜻하기도 합니다. 남자에게는 처를 의미하며 자산 또는 신용을 뜻하기도 합니다. 다음의 사주 예시를 통해 자세히 알아보겠습니다.

時 日 月 年		대운 ←
庚 庚 庚 癸 辰 子 申 卯	四 柱	丙 乙 甲 癸 壬 辛 寅 丑 子 亥 戌 酉

초가을 金이 왕한 시절이며 월주의 庚금, 申금 비견과 시주의 庚금 비견과 辰토 편인이 일주 庚금을 도와 일간이 강한 사주입니다. 강한 金을 제어할 火가 없으니 金생水로 강한 金기를 빼내야 길합니다. 년간에 癸수가 투출되었고 지지에 申子辰 水국을 이루었으니 상관인 癸수가 강한 金기를 잘 설기(洩氣-기운을 빼내다)합니다. 잘 빼낸 그 기운을 癸수는 卯목으로 水생木 해주는 구조다보니 배설구가 커지는 격이고 기운이 잘 유통되어 대길한 사주가 되었습니다. 정재인 卯목이 용신(用神-길신)이며 용신을 돕는 癸수가 희신(喜神-기쁜신)입니다. 대운도 용신인 木을 생하는 水기운(亥 子 丑)과 木기운으로 이어집니다.

7 편관(偏官)

편관은 일명 칠살이라고도 하는데 자기로부터 일곱 번째 위치에 해당하는 천간인 것에 기인합니다. 이것은 남자에게는 자식, 조카 등을 의미하고 여자에게는 정혼 외의 남편 또는 남편의 형 등을 의미합니다. 십성 중 치우칠 편(偏)이 붙은 것은 편재, 편관, 편인 있습니다. 편(偏)이 붙은 십성은 대체로 특수하다는 의미가 있습니다. 편관은 권력욕이 있으며 군인이나 투쟁 등으로 해석되기도 합니다.

時 日 月 年		대운 ←
丙 甲 庚 庚 寅 戌 辰 申	四 柱	丙 乙 甲 癸 壬 辛 戌 酉 申 未 午 巳

辰월은 늦봄에 해당합니다. 곧 巳월의 초여름이 되겠지만 甲목은 아직 심하게 약하지는 않습니다. 그러나 庚금의 동기(同氣)가 많을뿐만 아니라 辰토, 戌토에 의하여 상생되어 대단히 왕성합니다. 따라서 甲목이 庚금에 의해 잘리게 될 지경입니다. 다행히 시지에 寅목이 있어 甲목의 뿌리가 단단할뿐 아니라 시간에 丙화가 투출하여 庚금을 억제하고 甲목을 보호하고 있습니다. 丙화 또한 甲목의 木生火로 생을 받고있으니 진실로 상생하는 관계라고 할 수 있습니다.

따라서 용신은 丙화입니다. 대운 午에서 사주에 있는 寅과 戌이 만나 寅午戌삼합으로 火국이 완성되어 과거에 급제하였습니다. 甲申, 乙酉 대운은 庚금이 최고로 강한 지지이므로 어려움이 많았고 丙戌운에는 火가 다

14일차

4×4=사주여행

시 강해져서 높은 벼슬에 올랐습니다. 이 사주는 나의 식신으로 무서운 편관을 제어하여 관운을 일으킨 사주입니다.

지금까지 사주 예시를 살펴보며 나를 생하는 기운 및 나와 같은 오행이 사주에 많으면 일간이 강해지는 사주라는 것을 알아봤습니다. 반대로 나를 극(剋)하거나 내가 생해야하고 내가 극(剋)하느라 기운을 써야하는 오행이 많으면 신약(身弱)한 사주라는 것도 알아봤습니다.

하지만 천간이 어떤 지지를 만났을 때 강해지고 약해지는지 강하면 얼마나 강하고 약하면 얼마나 약한지에 대한 상세한 기준에 대해서는 좀 더 알아봐야 하는데요. 그래서 그 기준이 되는 12운성에 대해 설명 하도록 하겠습니다. 12운성은 앞서 배운 '왕상휴수사'의 강약 기준보다 더 상세한 기준이 됩니다.

15일차

★ 12운성 - 포태십이성(胞胎十二星)이라고도 함

癸	壬	辛	庚	己	戊	丁	丙	乙	甲	生日 / 星
巳	寅								申	절(絶), 포(胞)
午	卯				子				酉	태(胎)
未	辰				丑				戌	양(養)
申	巳				寅				亥	장생(長生)
酉	午				卯				子	목욕(沐浴)
戌	未				辰				丑	관대(冠帶)
亥	申				巳				寅	건록(建祿)
子	酉				午				卯	제왕(帝旺)
丑	戌				未				辰	쇠(衰)
寅	亥				申				巳	병(病)
卯	子				酉				午	사(死)
辰	丑				戌				未	묘(墓)

※ 위의 표는 양간기준의 12운성만을 취했습니다. 또한 이 책의 모든 사주도 양간 기준으로만 12운성을 사용합니다. 음간의 12운성은 논란이 많고 잘 맞지 않기 때문입니다.

1) 태(胎)

십이운성을 인생으로 비유한다면 태는 아버지의 정자(精子)와 어머니의 난자(卵子)가 만나 어머니의 복중(腹中)에 잉태된 상태를 말합니다. 어떠한 형상으로 차츰 형성되어 나갈 뿐, 아직 뚜렷한 형체가 나타나 있지 않은 형상입니다.

2) 양(養)

잉태되면 뱃속에서 무럭무럭 자라나는 법이니 그 자라나는 것을 양(養)이라 부릅니다.

3) 장생(長生)

뱃속에서 자란 후 현세에 출생되는 것을 장생이라 부릅니다. 장생은 완전히 어떠한 형체를 갖추어 노출된 것과 같습니다. 장생운은 그 운에 있어서도 점점 발전해 나가는 형상을 말합니다.

4) 목욕(沐浴)

목욕(沐浴)은 발가벗고 다녀도 흠이 되지 않은 어린 시절을 말하며 물에 넣었다 뺐다 하는 것과 같이 운(運)에 있어서도 실패와 성공이 빈번한 형상을 뜻합니다.

5) 관대(冠帶)

목욕한 후에 대(帶-띠)를 차게 되는 법이니 이것을 관대(冠帶)라 부릅니다. 어린 시절을 벗어나 의복을 곱게 차려입은 청소년 및 청년의 시기를 말합니다.

15일차   4×4=사주여행

6) 건록(建祿)

관대(冠帶)를 지나 직업을 가지고 월급을 받으며 열심히 사회생활을 하는 30~40대를 의미합니다. 제왕과 함께 가장 강성한 시기를 나타내며 계속해서 발전한다는 의미가 있기에 가장 강한 제왕지 보다 오히려 더 좋은 의미로 봅니다.

7) 제왕(帝旺)

직업을 얻고 경력을 쌓으며 인생에서 완강하며 견고해지는 시기를 말합니다. 제왕(帝旺)은 그의 세력이 극도로 상승하여 더 이상 진전할 수 없는 상태를 이릅니다.

8) 쇠(衰)

이와 같이 혈기 왕성한 시기를 지나면 노쇠해지는 법이니 이것을 쇠(衰)라고 부릅니다. 이 쇠(衰)는 활동이 감퇴하고 사물이 퇴보하는 형상입니다..

9) 병(病)

노쇠하면 병(病)이 드는 법이니 이것을 병(病)이라고 부릅니다. 삼재에 처음 들삼재에 해당하는 것이 바로 병(病)입니다.

10) 사(死)

인생은 병들면 죽는 법이니 이것을 사(死)라고 부릅니다. 삼재에서 중간 삼재 눌삼재라고도 합니다. 삼재 이야기를 자꾸 하는 것은 기억을 되살리기 위함입니다.

11) 묘(墓)

사람이 죽으면 무덤으로가는 법이니 이를 묘(墓)라고 부릅니다. 삼재의 끝 글자이며 날삼재에 해당합니다. 묘운(墓運)은 모든 사물의 부스러기들을 묻어버리는 시기입니다.

12) 절(絶)

죽어서 묘에 들게 되면 기가 끊기고 사라지게 되므로 절(絶)이라고 부릅니다.

절은 아무런 형체가 없이 적막(寂寞)한 상태이므로 다음 생을 대기하고 있는 형상입니다.

★ 12운성 외우기

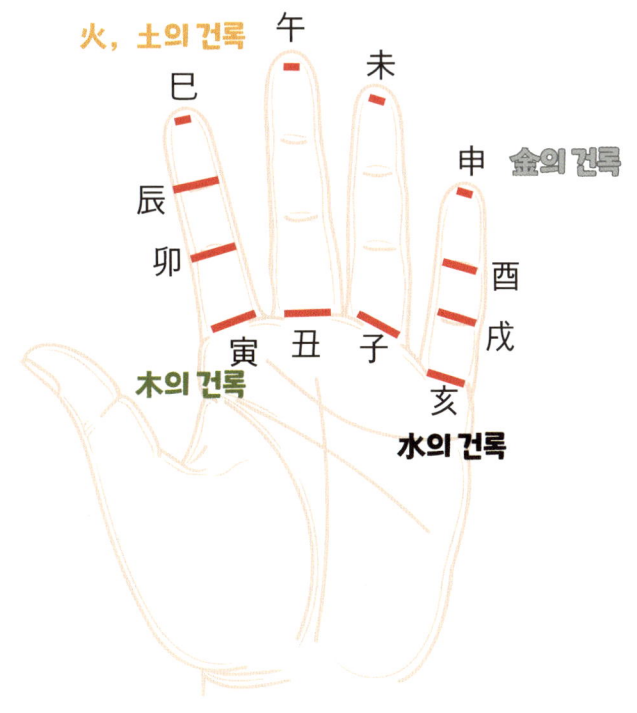

16일차   4×4=사주여행

8 정관(正官) - 정관을 보통 관(官)이라 하고 편관을 살(殺)이라고도 합니다. 합쳐서 관살(官殺)이라 부릅니다.

정관은 남자에게는 자식과 조카를 의미하고 여자에게는 남편을 뜻합니다. 특성은 품행이 단정하고 재능이 뛰어나며 어른을 존경하는 것 등입니다. 사주에 정재 또는 편재가 있을 때는 길조가 더욱 증가되나, 상관과 함께 있을 때는 길조는 사라지고 오히려 권위 및 명예가 손상될 수 있다고 합니다.

사주 속에 정관과 편관이 혼합되어 함께 있는 사주를 '관살혼잡' 이라고 합니다. 대체로 정관 또는 편관만이 단독으로 있는 사주보다 격이 낮은 사주로 봅니다. 다만 이것은 신약 사주에 관살이 왕성할 때의 경우이고, 일주가 강할 때에는 '정관 편관'이 혼잡되어 있어도 무방합니다.

時 日 月 年		대운 ←
戊 庚 丁 丙 寅 午 酉 辰	四 柱	癸 壬 辛 庚 己 戊 卯 寅 丑 子 亥 戌

이 사주는 년간의 편관 丙화와 월간의 丁화 정관이 午화 제왕지를 생일에서 만났습니다. 시의 寅목에 장생이 되며 寅午합을 이루어 비록 酉월이지만 火기가 상당합니다. 따라서 '정관 편관' 모두 왕성합니다. 그러나 庚금이 酉월 金이 왕성한 계절에 태어났고 년지의 습토 辰이 불기운을 흡수하고 생金합니다. 庚금이 약간 신약이긴 하나 왕성한 관살에 크게 위태롭지 않습니다. 따라서 庚子 대운에 관살의 불기운을 억제하여 과거에 급제했습니다. 또한 辛丑대운에는 정계의 거물이 되어 부귀영화를 누렸습니다.

9 편인(偏印)

편인은 계모 및 유모를 의미하기도 하고 편재의 편재가 편인이므로 아버지의 아버지 즉 친할아버지를 나타냅니다. 편인은 식신의 편관이 됩니다. 식신을 극한다 하여 도식(倒食-밥그릇을 엎다)이라고 부르기도 합니다. 그러나 식신이 흉신일 때는 편인이나 정인 모두 길한 의미를 가지기 때문에 식신을 극한다는 것만으로 흉하다는 편견을 가질 필요는 없습니다. 정인이 모국어라면 편인은 외국어라는 식으로 편인 또한 편(偏)자가 붙어 특수하다는 의미를 가집니다.

時 日 月 年		대운 ←
甲 戊 甲 戊	四	庚 己 戊 丁 丙 乙
寅 午 寅 子	柱	申 未 午 巳 辰 卯

寅월의 戊토가 月과 時의 천간에 각각 甲목이 두 개나 투출되고 월지 이외에 시지에도 寅목이 있어 네 개의 편관에 둘러싸여 있습니다. 왕성한 木기를 午화가 木생火로 힘을 빼내 火생土의 이치로 戊토를 생조(生助)하여 줍니다.

이러한 경우를 살인상생(殺印相生)이라고 합니다. 편관이 인성(印聖)을 생하고 인성이 나를 생하여 결국 편관이 나를 극(剋)하기 보다 오히려 생하는 격을 말합니다. 당연히 용신이자 길신은 일지의 午화입니다.

년지의 **子수가 午화를 충(冲-텅 비다, 공허하다)하려** 하나 중간에 寅목이 가로막아 子수는 寅목을 생하느라 午화를 극하지 못합니다. 대운이

乙卯로 시작하나 丙辰 丁巳 戊午 己未의 火土운 일색이라 일찍이 과거에 급제하고 정계에 그 이름을 떨쳤다고 합니다.

★ 충(沖)하는 관계

충(沖)이란 대개 지지의 충을 말합니다. 천간의 충이란 일반적인 상극 관계를 말하고(천간의 충: 甲庚相沖, 乙辛相沖, 丙壬相沖, 丁癸相沖) 지지의 충은 상반되는 지지가 만나 공존할 수 없기에 충돌하여 본래의 용도를 다하지 못하는 것을 말합니다.

子-午　丑-未　寅-申　卯-酉　辰-戌　巳-亥

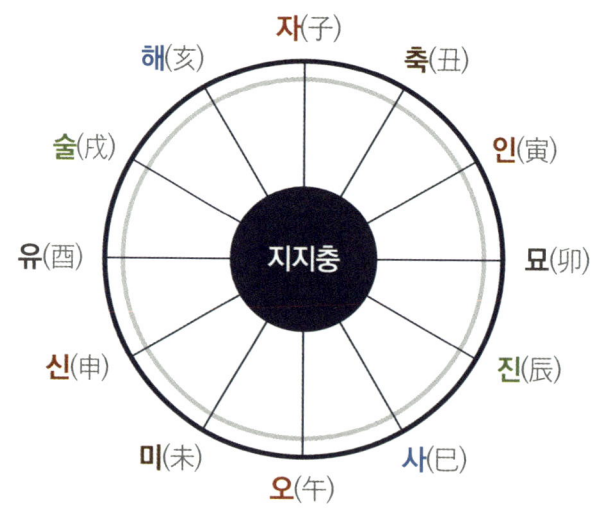

12개의 지지가 서로 마주보는 지지와 충하는 관계가 되며 총 6쌍의 지지가 충하므로 '육충(六沖)' 이라고도 합니다.

★ 천간의 충

甲庚相沖　乙辛相沖　丙壬相沖　丁癸相沖

🔟 정인(正印)

정인은 나를 생하니 남녀 공히 어머니를 뜻합니다. 인수(정인을 뜻하거나 정인과 편인을 모두 일컬어 칭함)는 지혜, 학문 및 총명 등의 특성이 있습니다.

時 日 月 年		대운 ←
甲 甲 庚 戊 子 子 申 辰	四 柱	丁 丙 乙 甲 癸 壬 辛 卯 寅 丑 子 亥 戌 酉

12운성으로 보자면 甲목은 申에서 절지(絶支)에 해당합니다. 절지란 해당 기운이 끊겨버리는 곳입니다. 甲목의 절지인 그 申금위에 庚금 편관이 투출하여 두려운데 년간의 戊토와 辰토가 합세하여 金은 막강합니다. 다행히 지지의 子수가 중심이 되어 申 子 辰 水국으로 삼합을 이룹니다.

申금과 辰토는 金을 강하게 하기도 하지만 水국의 일원이 되어 水기운을 끌어올리도록 동화되었습니다. 그럼에도 火의 기운은 없고 강한 金으로 일간이 신약한 사주라 子수를 용신으로 삼습니다.

癸亥 대운에 이르러 과거에 급제하여 일찍 벼슬에 올랐습니다. 丙寅, 丁卯 대운은 한편으로는 金을 억제하고 다른 한편은 木을 강하게 하므로 그 벼슬이 이품에 이르러 한 평생 부귀영화를 누렸다고 합니다.

17 일차

4×4=사주여행

★ 삼합의 구성과 12신살

신자진(申子辰): 삼합하여 水국이 된다.

사유축(巳酉丑): 삼합하여 金국이 된다.

인오술(寅午戌): 삼합하여 火국이 된다.

해묘미(亥卯未): 삼합하여 木국이 된다.

십이신살(十二神殺)

십이신살 속견표(十二神殺 速見表)

巳酉丑	寅午戌	亥卯未	申子辰	生年 or 生日 / 神殺名
巳	寅	亥	申	지살(地殺)
午	卯	子	酉	년살(年殺)
未	辰	丑	戌	월살(月殺)
申	巳	寅	亥	망신(亡身)
酉	午	卯	子	장성(將星)
戌	未	辰	丑	반안(攀鞍)
亥	申	巳	寅	역마(驛馬), 삼재
子	酉	午	卯	육해(六害), 삼재
丑	戌	未	辰	화개(華蓋), 삼재
寅	亥	申	巳	겁살(劫殺)
卯	子	酉	午	재살(災殺)
辰	丑	戌	未	천살(天殺)

17 일차 — 4×4=사주여행

★ 적용하는 방법을 예로 들면 申日, 子日, 辰日에 태어난 사람이 운이나 사주 내에서 申을 만나면 지살이오, 酉를 만나면 년살(도화살)이고 戌을 만나면 월살입니다. 亥를 만나면 망신살이요, 子를 만나면 장성살이며 丑을 만나면 반안살, 寅을 만나면 역마살입니다. 이런 방법으로 해당 삼합을 기준으로 12신살을 적용합니다. 예전에는 년지 즉 띠를 기준으로 했지만 사주에서의 주체가 일간이듯 일주를 기준으로 12신살을 적용합니다.

➡ **十二神殺 빨리 찾는 방법**

삼합을 기준하여 삼합의 첫자는 지살이오, 지살의 다음 글자는 연살(도화살)입니다. 삼합의 중간 글자는 장성살이며 삼합의 마지막 글자는 화개살입니다.
지-연-월-망-장-반-역-육-화-겁-재(수옥살)-천 으로 맨 앞 글자만 따서 외우기도 합니다.
삼합의 첫자를 충하는 글자가 역마살이오, 중간자를 충하는 글자는 수옥살(재살)입니다.

① 지살(地殺)

지살은 삼합의 첫 글자로 먼 곳, 출입, 새로운 일, 시작의 뜻이 있습니다. 역마살과 비슷하며 이사, 해외출입 등의 이동수는 지살이 역마살 보다 더 큽니다.

② 연살(年殺)

연살은 도화살로도 불리우며 시선집중 및 애정관련 일을 의미하며 함지살(咸池殺)이라고도 합니다.

③ 월살(月殺)

　삼합기준 재나 관이 창고로 들어가는 입고(入庫)지입니다. 월살은 일명 고초살(枯焦殺)로써 고갈된다는 살인데 택일법에 있어서도 이 날 만은 피하고 있으나, 뜻밖의 수확이나 이익 등을 뜻하기도 합니다.

④ 망신(亡身)

　망신살(亡身殺)은 말 그대로 망한다는 殺입니다. 寅午戌 火국이 巳火를 만나 같은 火의 편인줄 알고 믿고 따랐는데 알고보니 巳화는 巳酉丑 金국의 일원입니다. 자신의 속내 속살을 드러내 보인다는 의미에서 병원진료, 연애 등의 의미도 있습니다.

⑤ 장성(將星)

　삼합의 중심이 되는 子 午 卯 酉에 해당합니다. 강한 기운을 뿜어내기 때문에 장성살이기도 하지만 조합에 따라 도화살로 작용하기도 합니다.

⑥ 반안(攀鞍)

　반안은 말 등에 놓고 사람이 앉는 안장을 말하는데, 전리품의 의미하기도 하고 출세를 의미하기도 합니다.

⑦ 역마(驛馬)

　말을 타고 멀리 나가는 것이니 타향살이, 해외출입을 의미합니다. 요즘으로 치면 통신이나 유통을 뜻하기도 합니다. 사주첩경 해석에서는 寅과 巳가 역마에 놓이면 火氣가 있는 역마로써 비행기로 해석하기도 합니다.

⑧ 육해(六害)

육해는 역마 다음 글자로 말을 기르는 축사를 뜻하기도 합니다. 역마가 있어도 육해가 있으면 역마가 충을 만나기 전에는 마굿간에 매어둔 말이 되어 이동을 못한다고 합니다.

⑨ 화개(華蓋)

화개는 삼합의 맨 끝자리로 고장(庫藏-창고에 저장)이 닿는 곳입니다. 화려함을 덮는다는 의미가 있으며 종교의 의미도 있습니다.

> 寅午戌 火국에서 火의 창고는 戌토이니 **火는 戌에 갇힙니다.**
> 申子辰 水국에서 水의 창고는 辰토이며 **水는 辰에 갇힙니다.**
> 亥卯未 水국에서 木의 창고는 未토이며 **木은 未에 갇힙니다.**
> 巳酉丑 金국에서 金의 창고는 丑토이니 **金은 丑에 갇힙니다.**

각각의 창고는 하나의 오행을 담아두는 창고역할을 합니다. 해당 오행이 길신일때는 답답한 운이 될 것이고, 해당 오행이 흉신일때는 흉신이 창고에 갇힌 격이니 뜻밖의 이익이 생기게 되는 것입니다.

⑩ 겁살(劫殺)

실패나 도난을 당해 내것을 빼앗긴다는 殺입니다. 12운성의 절지(絕支).
亥卯未 木의 절지 申이 겁살, 寅午戌 火의 절지 亥가 겁살
巳酉丑 金의 절지 寅이 겁살, 申子辰 水의 절지 巳가 겁살입니다.

⑪ 재살(災殺)

재살은 子午卯酉 장성지를 직접 충하는 子午卯酉에 해당하며 송사, 납치, 감금 포로 등 신상에 구속됨이 있어 일명 감옥에 갇히는 수옥살(囚獄殺)로 불립니다.

⑫ 천살(天殺)

천살은 불의의 재난을 당하게 된다는 의미가 있으며, 삼합이 시작되는 지살 직전의 글자에 해당합니다.

18일차

4×4=사주여행

📑 사주의 강약(신강, 신약)

★ 강약

일주가 왕성하고 강력한 것을 신강이라 하고, 쇠약하고 무력한 것을 신약이라고 합니다. 신강 및 신약을 구별하는 표준은 다음 세 가지입니다.

1) **득령(得令) – 월지에서 도움을 받는가**
   (월지에서 인성이나 비겁을 만났는가)

2) **득지(得地) – 월지 외에 일지 및 지지에서 방합 삼합 등의 도움을 받는가**
   (일지, 시지, 년지 등에서 인성이나 비겁을 만났는가, 방합 삼합으로 세력이 강화되었는가)

3) **득세(得勢) – 지지 이외의 천간에서 도움을 받는가**
   (월간, 시간, 년간의 천간에서 인성과 비겁을 만났는가)

즉, 득령은 월지

득지는 월지 이외의 나머지 지지(일지, 시지, 년지)

득세는 일간 외의 년간, 월간, 시간 등 천간 등에서 인성과 비겁을 만나거나 방합 삼합 등으로 강해졌는지, 아니면 식상이나 재성 관성을 만나 힘을 잃었는가를 따지는 것이라고 할 수 있습니다.

신강 및 신약의 판단은 이상의 여러 표준을 종합하여 결정해야 하는데... 실제로는 구별하기 곤란한 경우가 있으며, 소위 사주의 대가들도 틀리는 경우가 종종 있습니다.

※ 통근(通根)=착근(着根) 천간 기준으로 지지의 지장간에 같은 오행이 있을 때
- 사주의 천간이 지지의 지장간에 동기(비견,겁재)를 두었을 경우 '뿌리와 통했다.', '뿌리와 달라붙었다.' 라고 표현함.

투출(透出)=투간(透干) 지지를 기준으로 천간에 지장간의 오행이 나왔을 때
- 지장간에 있는 십간이 동기인 비견, 겁재를 천간에서 보았을 경우 뿌리를 두고 줄기가 나온 것처럼 '투출되다.', '투간되다.'라고 표현 함.

· 매우 신강한 사주의 예시 - 최강①

時	日	月	年	
戊	庚	丁	丙	四
寅	午	酉	辰	柱

寅월은 일주인 甲목이 가장 왕성한 달이며, 년주 및 시간에 비견인 甲목이 두 개나 더 있고 寅목도 년지에 하나 더 있습니다. 일지 및 시지에 子수가 있어 오행 상생법에 의해 모두가 木을 생하는 반면, 월간의 丙화 하나만이 일주의 기운을 누출시키므로 최강에 속하는 사주입니다.

18일차

4×4=사주여행

- **매우 신강한 사주의 예시 – 최강②**

時	日	月	年	
乙	甲	己	乙	四柱
亥	子	卯	亥	

이 사주는 甲목 일간이 卯월에 태어나 득월령 하였습니다. 또 생년 생일 생시의 천간과 지지가 모두 인성과 비겁으로 이루어집니다. 따라서 득세하였고, 득지하였습니다. 신강의 조건 세 가지를 모두 갖추어 최강에 속하는 사주입니다.

다음은 약간 신강한 사주입니다.

- **약간 신강한 사주의 예시 – 중강①**

時	日	月	年	
甲	辛	辛	戊	四柱
午	巳	酉	戌	

이 사주는 辛日생이 酉월에 득령(득월령)하였습니다. 또다시 생년 생월의 천간에 인성과 비견이 많아 득세하였습니다. 그러나 일지와 시지의 巳화와 午화 년간의 戌토가 巳午합, 午戌합으로 巳午戌 火국으로 득지하지

는 못하여 중강에 속하는 사주입니다.

• 약간 신강한 사주의 예시 – 중강②

時 日 月 年	
壬 丁 己 丙 寅 卯 亥 午	四 柱

丁火일생이 亥月에 출생하여 월을 얻지 못하여 실령(失令-월령을 얻지 못함)하였습니다. 하지만 생년 丙午 시간 壬水가 丁壬합木 하고 寅卯합과 일월로 亥卯 木局(목국)하여 득세하였습니다. 게다가 시지 寅과 년지 午가 寅午합하여 득지하여 중강에 속하는 사주입니다.

위 두 사주에는 삼합외에 방합(方合)이라는 개념이 나옵니다. 계절합 방위합이라고도 하는 방합(方合)에 대해 잠시 알아보겠습니다.

寅卯辰합 木局(춘절·동방)　　**巳午未합 火局**(하절·남방)

申酉戌합 金局(추절·서방)　　**亥子丑합 水局**(동절·북방)

★ 삼합과 방합은 세 글자 중 두 글자만 함께 있어도 성립하는 것으로 봅니다. 세 글자 모두 있어야만 합이 성립된다는 이론도 있습니다.

18 일차

4×4=사주여행

　일명 계절합(季節合)으로도 불리우고 있습니다. 합의 구성원리는 寅卯辰의 정월 이월 삼월은 봄으로 木을 가리키며 같은 동방에 위치하고 있기 때문입니다. 합이 될 수 있는 이유는 寅中甲木 卯中乙木 辰中乙木으로 동기인 木기가 지장간에 내포되어 있기 때문입니다. 이하 巳午未, 申酉戌, 亥子丑도 마찬가지입니다.

　巳午未의 사월 오월 유월은 여름으로 火를 가리키며 남방에 위치합니다. 巳화에 丙화, 午화에 丁화, 未월의 丁화가 지장간에 내포되어 동기로서 합을 합니다.

　申酉戌의 칠월 팔월 구월은 가을로써 金을 나타내며 서방에 위치합니다. 申금에 庚금, 酉금에 辛금, 戌토에 辛금으로 모두 金이 내포된 동기로 합을 이룹니다.

　亥子丑의 시월 십일월 십이월은 겨울로 水를 나타내고 북방을 나타냅니다. 亥수에 壬수, 子수에 癸수, 丑토에 癸수가 있어 모두 水의 동기로 합을 이룹니다.

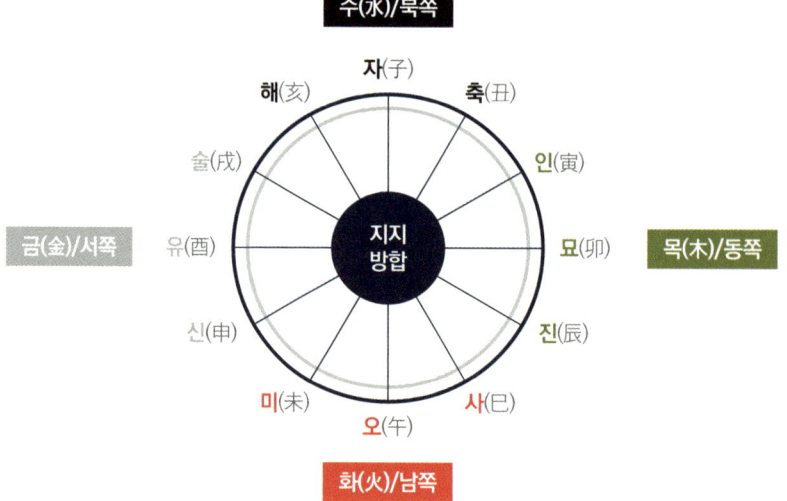

계속해서 약간 신약한 사주를 알아보겠습니다.

- **약간 신약한 사주의 예시 – 중약①**

	時	日	月	年	
	壬	丙	丙	甲	四
	辰	寅	子	子	柱

이 사주는 丙화 일주가 한겨울인 子月에 태어났습니다. 따라서 월을 얻지 못하였고(실령), 년지에 또 하나의 子水와 시간의 壬水가 떠올라 언뜻 매우 약한 사주로 보입니다. 하지만 다행히 년간에 인성인 甲목이 있고 월간에 丙화 비견이 있으며, 丙화와 甲목이 일지 寅목에 착근(着根-통근通根)하여 寅辰 木국을 이루어 丙화를 생조합니다. 따라서 월령을 얻지 못했지만 득세와 득지를 조금씩 이루어 신강의 조건 셋 중 겨우 하나를 얻은 격으로 중약에 속하는 사주입니다.

19일차

4×4=사주여행

- 약간 신약한 사주의 예시 – 중약②

時	日	月	年	四柱
辛	丙	丁	乙	
卯	申	亥	亥	

이 사주는 초겨울 亥월의 丙화 일주로 년월에 해수가 두 개나 깔렸습니다.

월을 얻지 못하였고(실령) 丙화는 申금위에 올라 병(病)지에 앉았습니다. 따라서 득지하지 못했습니다. (실지) 다행히 년간의 乙목이 시지의 卯木에 착근(着根)하였고, 년지와 월지의 亥수가 시지의 卯목과 亥卯로 木局을 이루었습니다. 게다가 丁화가 투출(透出)하여 약간의 세력과 지지합으로 일정부분 득지를 이루어 신강의 조건 셋 중 하나를 얻은 격으로 중약에 속하는 사주입니다.

이번엔 아주 신약한 사주에 대해 알아보겠습니다.

- **매우 신약한 사주의 예시 – 최약①**

時	日	月	年	
己	甲	乙	庚	四
巳	午	酉	申	柱

이 사주는 酉월 甲일로써 월을 얻지 못하였고(실령) 극하는 金의 관살이 많은 사주입니다. 기운을 빼는 火의 기운도 많아 甲일간은 水의 인성 도움이 절실합니다. 하지만 어디에도 도움이 없어 신강의 조건 셋 중 어느 하나에도 이르지 못해 최약의 신약한 사주입니다.

- **매우 신약한 사주의 예시 – 최약②**

時	日	月	年	
丙	庚	壬	乙	四
子	寅	午	卯	柱

이 사주는 庚일생이 午월로써 당령(當令-득령得令)하지 못하고 사주 중에 金을 생하는 土의 인성이 없습니다. 乙卯목과 寅목 등 여러 재성을 만나 火인 관살과 합하는(寅午합, 寅卯합) 형국이라 신강의 삼대 조건에 모두 이르지 못하여 최약에 속하는 사주가 되었습니다.

★ 용신(用神)을 정하는 법

용신은 길신(吉神)을 말하며 사주팔자의 음양 및 오행의 조화를 위해 쓰이는(用-쓸 용) 오행 및 육신을 말합니다. 예를 들어 일주가 매우 신약한 사주라면 일주를 생조하는 육신이 용신으로 쓰이고, 신왕이면 반대로 일주를 억제하거나 강한 기운을 밖으로 누출시키는 육신이 용신으로 필요한 법입니다.

이 용신의 사주상의 위치, 강약 및 어느 육신에 해당하느냐에 의하여 운명의 길흉화복이 결정되므로, 용신은 사주 감정상 중요한 관건입니다. 따라서 용신을 모르고서는 사주를 풀 수가 없습니다.

1) **억부(抑扶-누를 억, 도울 부)**: 일간을 생조하는 인성과 비겁의 육신이 많으면 신왕한 사주이며, 신왕이면 오행의 조화상 일주를 극하거나 기운을 누출시키는 육신이 필요한데 이것이 용신입니다. 반대로 일간의 기운을 누출시키는 육신이 많으면 신약인데 이때는 일간을 생조하는 육신이 용신입니다.

· 억부의 예①

時	日	月	年	
壬	庚	乙	庚	四
午	申	酉	子	柱

庚금이 酉월 겁재월에 태어나 월을 얻었고 일지에 비견 申금을 깔아 申酉(戌) 방합을 이루고 있습니다. 또다시 년간에 비견 庚금이 투출되어 신강한 사주입니다. 강한 庚금의 기운을 午화로 억누를 것인가 시간 壬수와 년지 子수의 水기운으로 빼낼 것인가를 고민해야 합니다.

반드시 그렇지는 않지만 용신은 대체로 강하고 유능해야 하므로 酉월에 생을 받고 시간과 년지에 위치해 있으며 申子(辰) 水국을 이루는 水의 식상으로 강한 金기를 누출시켜야 합니다. 따라서 용신은 水입니다. 이 사주는 억부(抑扶-누를 억, 도울 부) 용신 중에 억(抑)에 해당하는 예입니다. 억(抑)이라고 해서 상극하는 육신으로만 생각하면 안됩니다. 상극하거나 기운을 누출시키는 모든 육신이 억(抑)에 해당합니다.

- 억부의 예②

時	日	月	年	四
戊	丙	甲	甲	柱
子	戌	戌	寅	

丙화 일간이 戌월에 출생하였습니다. 火기가 창고에 들어가는 시기입니다. 시간에 戊土가 투출하여 火생土로 토에게 丙화의 기운이 심하게 누출되고 있습니다. 일간뿐만 아니라 사주 내에서 어느 오행이 강한가를 따져보고 너무 강한 오행은 반드시 기운을 빼야 합니다. 따라서 土를 극하고 기운을 잃은 丙화를 생조하는 甲목 인성을 용신으로 삼아야 합니다. 甲목은 강한 土를 극하며 丙화를 생조하니 사실 이보다 더 좋은 용신은

19일차

4×4=사주여행

없습니다.

  이 사주는 약한 丙화에 甲목 인성을 용신으로 삼으니 억부(抑扶)용신 중에 부(扶)에 해당하는 예입니다.

★ 신강, 신약이 헷갈릴 때는 월지를 확인합니다.

時	日	月	年	四柱
戊	丙	甲	甲	
子	戌	戌	寅	

> **甲**목 두 개에 **寅**목 하나면 **木**이 셋이요,
> **戌**토 두 개에 **戌**토 하나면 **土**가 셋입니다.

  따라서 木과 土가 3:3으로 그 힘이 비슷하지 않느냐, 오히려 木극土이니 木이 더 강한 것이 아닌가 하는 의문이 들 수 있습니다. 이렇게 그 강약이 헷갈릴 때는 월을 보셔야 합니다. 월은 계절을 뜻하기에 가장 강력한 환경 요소입니다.

  戌월이니 가을이고 가을은 金의 계절입니다. 일반적으로 木이 가장 약한 시기이며 戌월의 본기가 戊토에다 丙화일간도 火생土 하므로 土가 더 강합니다.

2) **병약용신**: 신약 사주에 일주를 생조하는 육신이 있으나 이를 극하는 육신이 있으면 이것은 사주의 병(病)이 됩니다. 즉, 용신을 극하는 육신을 병(病)이라 하고 병을 억제하는 육신을 약(藥)이라고 합니다. 또 병(病)이 있는 사주는 약이 곧 용신이 되기도 합니다. 사주에서 병(病)은 나쁜 것만은 아닙니다.

병(病)도 없고 약(藥)도 없는 사주는 평범하며, 병(病)은 있는데 약(藥)이 없는 사주는 순탄치 못합니다. 병(病)이 있고 약(藥)도 있는 사주라야 대길한 법입니다.

• **병약용신(病藥用神)의 예**

時 日 月 年		대운 ←
甲 丁 己 壬 辰 丑 酉 戌	四 柱	乙 甲 癸 壬 辛 庚 卯 寅 丑 子 亥 戌

이 사주는 丁화일생이 사지(死支-12운성)인 酉월에 태어났습니다. 따라서 월을 얻지 못하였고, 식상인 己토, 丑토, 辰토가 金을 생하여(戌토는 金을 생하는 힘이 약하지만 酉戌 방합) 土식상과 金재성 모두가 왕(旺)합니다.

일주 丁화의 기운이 심하게 누출되고 있으나 丁火의 불빛이 꺼지지 않는 것은 戌토 中 丁화로 통근하였고, 시간에 甲목이 辰토 속의 乙목에 뿌리를 두고 丁화를 생하기 때문입니다.

요컨대 위 사주는 土金이 왕하고 木火가 약한 중에 일간이 약화된 주

원인인 土가 병입니다. 병을 제거하는 자가 약(藥)이니 土를 극하는 시상 甲목을 약이자 용신으로 삼습니다. 따라서 대운 甲寅 乙卯운에 큰 부귀영화를 누리게 된 사주입니다.

또 다른 방식으로 설명하면 일간이 약해 甲목이 용신인데 甲목 용신을 돕는 년간의 壬수가 월 천간의 己토에게 극을 당하니 己토가 병이요, 병인 己토를 극하는 것이 약(藥)이니 木이 약이 되는 것입니다.

3) **조후용신(調候用神)**: 사주도 세상만물처럼 한난(寒暖) 및 조습(燥濕)의 조화가 필요합니다. 사주가 과하게 춥고 습하거나 심하게 뜨겁고 건조하면 문제가 생기는 법인데... 이 '한, 난, 조, 습'을 조화시키는 육신이 용신이 됩니다.

- **조후용신(調候用神)의 예**

時	日	月	年	
甲	辛	癸	壬	四
午	丑	丑	辰	柱

이 사주는 辛금일생이 늦겨울인 丑월에 태어났습니다. 丑월의 지장간(藏干) 癸水가 월간에 투출되고 년간의 壬수와 어우러져 추운 겨울 사주를 온통 얼려버립니다. 원래 丑토는 얼어붙은 땅을 의미하기도 합니다만, 이처럼 월과 일에 연이어 배치되고 壬·癸水가 천간에 뜬다면 金은 더욱

차가워지고 水는 얼어버립니다.

　이러한 경우를 금한수냉(金寒水冷)이라고 하는데, 火를 얻어 따뜻하게 해야합니다. 다행히 시지에 午화가 있습니다. 午中 丁火를 조후용신으로 삼고 甲목이 용신을 돕는 희신(喜神)이 됩니다.

　위 사주는 丑토 지장간에 辛금의 뿌리가 있고 土가 많아 일주가 약하지 않습니다. 그렇기에 일간을 극하는 火로 조후용신을 삼을 수 있었습니다. 만일 일주 辛금이 약하다면 조후로써 火를 용신으로 정하지 못하는 법입니다.

　만약 위 사주가 너무 신약해서 火의 조후용신을 쓰지 못한다면 土생金으로 생조하는 사주가 되고 사주는 여전히 조후를 맞추지 못하는 상태가 돼 사주의 격이 낮아지게 됩니다.

4) 전왕(全旺用神): 사주의 오행이 어느 하나로 편중되어 그 세력이 극히 왕성해 억제하기 곤란할 때에는 그 세력에 순응하는 육신이 용신이 됩니다. 이렇게 특수한 경우의 사주를 '외격사주'라고 부릅니다. 외격 사주는 전체사주의 10% 내외를 차지합니다. 그 외 90% 내외의 일반적인 사주를 '보통사주' 또는 '내격사주'라고 합니다.

· 전왕용신(全旺用神)의 예 – 木에 종하는 예

時	日	月	年	
己	庚	丙	甲	四
卯	寅	寅	寅	柱

이 사주는 庚금 일간이 지지에 뿌리가 전혀 없고 지지가 모두 木오행으로 이루어져 있습니다. 甲목 재성이 투출하고 寅목에 착근하여 일반적인 사주처럼 억부의 방법으로 木의 힘을 누출시키거나 시간의 己토로 庚금을 생조하는 방식으로는 해결이 되지 않습니다.

사주 전체가 온통 木기운 하나로 강하게 이루어져 있어 그 木기운을 따를 수 밖에 없습니다. 따라서 木을 용신으로 삼습니다. 이 사주에서 木은 재성으로, 재성을 따르는 종재(從財-재를 따른다)의 사주가 됩니다. 강한 木기운인 재를 용신으로 삼아 크게 부귀하게 된 사주입니다.

이처럼 한 가지의 기운으로 지극히 편중된 사주는 성패의 낙폭이 크다는 장점이자 단점이 있습니다. 해당 오행이 살면 대박이지만 해당 오행이 죽는 운을 만나면 같이 망하는 사주라고 할 수 있습니다.

간혹 오해하여 이 사주를 재성이 많아 신약해진 사주로 보고 木이 아닌 己土로 용신을 정한다면 己土는 卯목 살지(殺支)에 앉아 이미 힘을 잃은 데다 수많은 재성에 극을 당하여 전혀 성공하지 못하는 사주가 됩니다.

5) 통관용신(通關用神): 서로 대립하는 육신의 강약이 비슷할 때에는 두 육신 사이를 오행 상생의 원리에 의해 소통시키는 육신이 용신이 됩니다.

· 통관용신(通關用神) 예①

四柱	時	日	月	年
	己	丁	丙	丁
	酉	酉	午	酉

丁화 일간이 午월에 태어나 午中 丁火 본기가 투출하여 신왕하였고 지지에 3개의 酉금이 무리를 지어 火와 金의 힘이 비슷해 서로 싸우는 형국입니다. 따라서 火金 양쪽이 대등하여 있는 중 己土가 있어 火生土 土生金으로 통관(通關)되어 식신생재격(食神生財格)을 이루니 己土가 통관용신이 되는 것입니다.

• 통관용신(通關用神) 예②

時	日	月	年	
辛	辛	甲	癸	四柱
卯	巳	寅	酉	

　이 사주는 언뜻 보면 甲목 재성이 강하여 신약한 사주로 보고 土와 金을 용신으로 삼기 쉽습니다. 하지만 자세히 보면 巳酉(丑) 金국과 寅월에 寅卯(辰) 木국을 이룬 木기가 서로 팽팽하게 맞서고 있습니다. 따라서 金과 木기운을 가운데에서 이어주는 역할을 하는 水기운이 통관용신입니다. 실제로 초년 壬子대운에 대발하였습니다.

　용신은 사람의 정신과 같아서 사주의 중추가 됩니다. 사주 팔자가 길하기 위해서는 용신이 건강해야 합니다. 사람의 정신이 건강해야 소임을 다할 수 있듯이 용신이 건강해야 부귀영화 및 장수를 누릴 수 있습니다.

　용신이 건강하기 위해서는 용신이 강왕하여야 하며 타육신에 의해 파극(破剋)되지 않고 형충(刑沖)되지 않아야 합니다. 만일 타육신에 의해 파극(破剋)되더라도 용신을 파극(破剋)하는 육신을 억제하면 무방합니다. 또 용신이 형충(刑沖)되더라도 서로 형충(刑沖)하는 지지의 어느 하나라도 다른 지지와 삼합 또는 육합되거나 그런 운이 오면 형충(刑沖)은 해소되어 길운이 오게 됩니다.

용신이 강왕하기 위해서는 일주의 강약을 정할 때와 마찬가지로 용신이 월에서 힘을 받고 사주상의 타육신에 의해 생조되면 됩니다.

★ **형살법(刑殺法)에 대해 알아봅니다.**

서락오 선생의 『자평진전평주(子平眞詮評註)』에 따르면 형(刑)은 삼합과 방합이 만나면서 중화를 이루지 못해 생기는 현상이라고 합니다.

삼합	申子辰 水局	寅午戌 火局	巳酉丑 金局	亥卯未 木局
방합	寅卯辰 木局	巳午未 火局	申酉戌 金局	亥子丑 水局
두 합이 만나서 생성되는 형살	申寅刑, 子卯刑 辰辰 自刑	寅巳刑, 戌未刑 午午 自刑	巳申刑, 丑戌刑 酉酉 自刑	子卯刑, 丑未刑 亥亥 自刑

형(刑)은 충(沖)과 비슷하지만 충(沖)보다 영향력이 작습니다. 맞지 않는 것을 깎고 다듬어 맞춘다는 의미가 있으므로 형벌, 수술, 관계의 조정 및 변화 등을 뜻합니다.

형(刑)은 충(沖)과 같이 오행 상호간의 간섭현상으로, 길한 의미 보다는 흉한 의미가 많습니다. 하지만 사주의 상황에 따라 문제가 바로 잡히거나 해결되어 발전하기도 하고, 형(刑)의 권한을 내가 쥔다는 의미에서 권력을 잡는 경우도 많습니다.

20 일차

4×4=사주여행

★ 형(刑)은 사주나 운에서 두 글자 이상이 만나면 해당됩니다.

1) 삼형살(三刑殺)

寅 巳 申 무은지형(無恩之刑) - 寅 巳 刑, 巳 申 刑, 寅 申 刑

丑 戌 未 시세지형(恃勢之刑) - 丑 戌 刑, 戌 未 刑, 丑 未 刑

2) 상형살(相刑殺)

子 卯 相刑 무례지형(無禮之刑) - 子 卯 刑, 卯 子 刑

3) 자형살(自刑殺)

辰 午 酉 亥(自刑)

辰 辰 刑, 午 午 刑, 酉 酉 刑, 亥 亥 刑 自刑

격국(格局)

격(格)이란 日干(일간)을 말하고 국(局)이란 地支(월지)를 말합니다. 격국(格局)은 사주의 특성에 맞게 이름표를 붙인 것입니다. 격은 크게 내격과 외격으로 구분합니다.

본서(本署)에서는 전체사주의 90% 내외를 차지하는 '**내격사주**'만을 다루도록 하겠습니다. 내격은 보통 7격으로 정하고 있는데 정관격, 편관격, 정재격, 편재격, 인수격(정인과 편인을 묶음), 식신격, 상관격입니다.

내격사주는 팔자 중 가장 작용력이 큰 월지를 중심으로 구별하여 일곱 여가지의 유형으로, '~격'으로 이름을 지어 구분한 것을 말합니다. 내격사주의 격은 다음과 같이 네 가지의 규칙으로 정합니다.

1 편월지의 지장간(支藏干) 중 본기(本氣)가 천간에 나타나면 그 육신의 이름으로 격을 정한다.

2 월지의 지장간 중 천간에 본기가 나타나지 않았을 때는 여기나 중기를 택하고 만일 여기와 중기 둘 다 천간에 투출하면 둘 중 강한 놈으로 격을 정한다.

3 월지의 지장간 중 투출된 것이 하나도 없거나 투출되어 있더라도 다른 육신에 의하여 파극(破剋)되어 쓸모가 없으면 가장 강한 기운이나 월지의 본기 자체를 격으로 삼는다.

❹ 비견겁재(比肩劫財)를 피해서 선정한다.
(비견격이나 겁재격은 내격사주에서 다루지 않습니다)

1) 월지의 지장간 중 본기가 천간에 나타나면 격으로 정한다.

· 예①

時	日	月	年	
壬	癸	戊	辛	四柱
子	未	戌	丑	
		(辛丁戊)		

　戌월의 지장간은 辛 丁 戊 인데 辛금도 투출하고 또 戊土도 투출되었습니다. 戌토의 본기는 戊토이므로 戊土를 선정하여 癸수 대 戊토는 정관(正官)이기에 정관격(正官格)이 됩니다. 辰戌丑未는 잡다하게 여러 지장간이 있다 하여 잡기(雜氣)로 불리기도 합니다. 그래서 이것을 잡기재관(雜氣財官)격이라고도 하지만 어쨌든 戊토는 癸수의 정관이므로 정관격(正官格)으로 보게 되는 것입니다.

· 예②

時	日	月	年	
癸	丙	丙	甲	四柱
巳	申	子	辰	
		(癸)		

子월의 지장간은 오직 癸水 하나인데 시간에 癸수가 투출되어 정관격으로 정합니다. 만일 癸수가 투출하지 않았다 하더라도 본기는 오직 癸수 하나뿐이라 子中 癸수 그대로 정관격(正官格)이라 부를 수 있습니다.

2) 본기가 나타나지 않았을 때, 월 지장간 중 투간(透干)된 것으로 선정

· 예①

時 日 月 年	
壬 丙 乙 丙 辰 午 未 寅 　　(丁乙己)	四柱

丙화 일주가 未월 지장간 丁 乙 己 중 본기 己토는 나타나지 않았고 乙木이 투출되니 丙화의 정인입니다. 따라서 정인격 또는 인수격(印綬格)으로 정합니다. 인수(印綬)는 도장의 끈을 의미합니다. 자격(증), 문서 등을 뜻합니다.

· 예②

時	日	月	年	
戊	庚	丁	癸	四柱
寅	辰	巳	亥	
		(戊庚丙)		

庚금이 巳월에 태어나 지장간 戊 庚 丙 중 戊土가 시간에 투출하여 庚금의 편인이 되니 편인격(偏印格) 또는 인수격(印綬格)으로 정합니다.

· 예③

時	日	月	年	
戊	癸	丙	己	四柱
午	亥	寅	巳	
		(戊丙甲)		

癸수 일주가 寅월에 태어나 寅월의 지장간 戊 丙 甲 중 본기 甲목은 투출하지 않았는데 丙와와 戊토가 투출되었습니다. 이때에는 강자를 우선하는 원칙으로 丙화가 지지에 寅午 巳午 火局의 세력을 얻고 있어서 丙火를 선정합니다. 癸수에게 丙화는 정재로써 정재격(正財格)으로 합니다.

3) 투출된 것이 하나도 없을 때는 제일 강한 기운을 선정한다.

• 예①

時 日 月 年	
己 甲 己 丙 酉 子 亥 寅 　　(戊甲壬)	四柱

월지 암장중에서 투출된 것이 하나도 없습니다. 지장간 戊 甲 壬 중 사주 전체와 비교하면 水가 제일 강하니 壬水를 선정하여 정인격(正印格)이 됩니다.

• 예②

時 日 月 年	
己 丙 庚 辛 亥 戌 寅 卯 　　(戊丙甲)	四柱

이 사주도 월지 투출이 하나도 없습니다. 지지는 亥卯합, 寅卯합으로 木局이 왕하여 寅中 甲木을 선정하여 편인격이 됩니다.

4) 비견겁(比肩劫)을 피하여 격을 정한다.

- 예①

時 日 月 年	
辛 壬 壬 甲 亥 申 申 子 　　(戊壬庚)	四柱

申의 지장간 戊 壬 庚 中 壬수는 비견이 되어 투출이라도 버리고 金이 地支에 무리를 지어 申中 庚금을 선정하여 편인격이 됩니다.

- 예②

時 日 月 年	
戊 戊 乙 壬 午 辰 巳 申 　　(戊庚丙)	四柱

巳월의 월지 戊 庚 丙 중 戊土는 비견으로 버리고 庚금보다 丙화가 강자임으로 丙火를 취해 편인격으로 정합니다.

이상의 네 가지 원칙 외에 子, 卯, 酉월은 천간 투출 없이도 子中癸水, 卯中 乙木, 酉中 辛금을 그대로 선정하여 격으로 이름을 짓는다는 것도 기억하시기 바랍니다.

★ 격국용신(格局用神)의 실례(實例)

1 정관격(正官格)

· 정관격 예①

時 日 月 年		대운 ←
戊 己 甲 癸 辰 未 寅 丑	四柱	戊 己 庚 辛 壬 癸 申 酉 戌 亥 子 丑

사주는 월지 寅목 중 甲목 본기(本氣)가 투출되고 寅과 辰토에 木기가 뿌리를 내려 왕성합니다. 己토 일주도 입춘의 土 장생 寅월에 未中 丁화의 따뜻함을 얻었고 시간의 戊辰토가 도와 일주 역시 강합니다. 따라서 월간 甲목 정관이 격이자 용신입니다. (정관격이라고 해서 정관이 용신인 것은 아닙니다.)

甲목 관성을 용신으로 정하는데 년간의 癸수 역시 丑中 癸수에 뿌리를 두고 甲목 용신을 돕고 있습니다.(희신) 조년 癸丑, 壬子, 辛亥 운에 대귀(大貴)하였다가 土金운 대운(大運)에 패망한 사주입니다.

22일차 4×4=사주여행

- 정관격 예② (女命)

時 日 月 年		대운 ←
丙 辛 壬 丁 申 巳 寅 酉	四柱	戊 丁 丙 乙 甲 癸 申 未 午 巳 辰 卯

　이 사주는 寅中 丙火가 투출하여 정관격입니다. 辛금은 월을 얻지 못했지만 巳酉합과 申금의 金국을 이루어 丙화 정관을 용신으로 삼을만 합니다. 그런데 그만 丁火가 또 투출하여 정관과 편관이 동시에 나타납니다. 이것을 관살혼잡이라고 하는데 매우 신강한 경우가 아니라면 대개 관살혼잡은 흉하게 봅니다. 다행히 壬水가 丁火를 丁壬합으로 묶어두어 안정되었습니다. 丙화 정관은 寅巳에 뿌리를 두어 본래 강하나 寅巳는 형(刑)으로 약해지고 申금 살지에 앉아 허약하게 되었습니다. 따라서 火기가 강해지는 운을 바라는 사주입니다. 巳, 丙午, 丁未운 대운(大運)에 대귀부인이 된 사주입니다.

- 정관격 예③ (女命)

時 日 月 年		대운 ←
庚 戊 乙 辛 申 戌 未 丑	四柱	庚 己 戊 丁 丙 子 亥 戌 酉 申

　이 사주는 戊토가 未월에 태어나 월지장간 중 乙목 정관으로 이름을 지

어 정관격이 되었습니다. 년간의 辛金이 남편인 乙목을 극하고 庚金은 을 경합을 한다고 하나 지나치게 강한 금기를 더욱 강하게 할 뿐입니다. 乙 목의 뿌리는 오직 未토에 하나 있는데 丑未 충(沖)하여 乙목은 잘리고 말라버립니다.

초년 이십대를 갓 넘어 酉운대운(大運)에 乙목 관성이 크게 피해를 입어 스스로 목을 매었다고 합니다.

· 정관격 예④ (女命)

時 日 月 年	대운 ←
乙 己 乙 甲 亥 巳 亥 辰	四柱	戊 己 庚 辛 壬 癸 甲 辰 巳 午 未 申 酉 戌

이 사주는 女命으로써 己토 일간이 亥월에 태어나 亥중 甲木 관성이 투출하여 정관격입니다. 그러나 월과 시간에 두 개의 乙이 투출하여 관(正官)과 살(偏官) 혼잡하게 되었습니다. 己토 일간에 비해 매우 강한 木기를 누를 金이 없어, 그만 투신자살을 기도해 대동강물에 뛰어들었던 일이 있는 사주입니다. 기생(妓生)·여관업 등으로 돈은 많았습니다.

대운 癸酉 壬申 운에 질병과 재난으로부터 구사일생 하였고 부부의 인연은 짧았습니다. 그러다 辛未 庚午 己巳 戊辰 대운(大運)에 강한 木기가 제어되고 인성 비겁의 생조로 재물은 늘고 편안해진 사주입니다.

23일차

4×4=사주여행

2 편관격(偏官格)

· 편관격 예①

時 日 月 年	四柱	대운 ←
癸 癸 庚 己 亥 丑 午 酉		甲 乙 丙 丁 戊 己 子 丑 寅 卯 辰 巳

　癸수가 한여름 午월에 태어났습니다. 신약한 사주인 듯 하나 시지에 癸수 비견이 있고 지지에 亥(子)丑의 합이 있으며 酉금에 뿌리를 둔 庚금의 생을 받아 강해졌습니다. 따라서 午월 투출된 己토 편관을 용신으로 삼을 만합니다. 초년과 중년 卯목 대운을 제외하고는 모두 火土운으로 길하며 寅목은 土기의 장생지라 중년 丙寅대운에 육군대장이 되었습니다. 乙木대운이 들어서며 용신 己토를 극하여, 그만 퇴역하게 된 장군의 사주입니다.

· 편관격 예②

時 日 月 年	四柱	대운 ←
辛 壬 戊 丙 丑 子 戌 午		乙 甲 癸 壬 辛 庚 己 巳 辰 卯 寅 丑 子 亥

　이 사주는 戌월에서 亥월로 바뀌기 4일 전에 출생한 사주입니다. 壬수가 戌월에 태어나 본기 戊토가 투출하여 편관격입니다. 亥월 직전에 출생한 것을 감안하면 壬수는 약하지 않아 편관을 용신으로 삼을만 합니다.

이른바 일주도 강하고 편관 용신도 강한 사주입니다. 하지만 戊토 편관이 丙午 재성의 생조를 받고 (寅)午戌의 火국을 이루어 일주에 비해 다소 강한 것이 병(病)이 됩니다. 초년 亥子丑대운의 평안한 시절을 지나 동방 木운에 약(藥)을 만나 일국의 장관이 된 사주입니다.

- 편관격 예③

時 日 月 年	四柱	대운 ←
庚 庚 丙 己 辰 申 寅 酉		庚 辛 壬 癸 甲 乙 申 酉 戌 亥 子 丑

庚申일주가 己酉년에 庚辰시를 보아 신왕한 사주입니다. 寅월에 丙화가 투출하여 편관격이며 신왕한 경금을 억(抑)하는 丙화 편관이 용신입니다. 용신 丙화와 寅목은 서로 의지하는 사이인데 寅목이 없었다면 丙화는 빛을 잃을 것이요, 丙화가 없었다면 寅목은 金에 잘렸을 것입니다. 용신 丙화의 힘이 약한 것이 흠입니다. 게다가 불행히도 대운의 방향이 좋지 않아 庚금이 명성을 얻지 못했습니다.

희신(喜神-용신을 생함) 甲운에 木生火하여 조금 일어 나려고 하였고 子운은 좋지 않았습니다. 癸운은 己土가 剋하여 큰 화(禍)는 면하였습니다. 亥운은 寅亥로 합木하여 生火하니 약간의 발전이 있었고, 戌운대운(大運)은 申酉戌합으로 금기가 강해졌고, 火가 戌토에 입고(入庫)하여 길이 막혔습니다. 酉대운에 木은 피해를 입고 火는 12운성으로 사지(死支)가 되어 그만 세상을 하직하게 되었습니다.

· 편관격 예④

時 日 月 年		대운 ←
甲 戊 甲 戊 寅 午 寅 子	四 柱	庚 己 戊 丁 丙 乙 申 未 午 巳 辰 卯

戊토가 寅월에 태어나 투출된 甲목이 있으니 편관격입니다. 온통 편관으로 둘러싸여 이 사주는 신약해졌고, 이유는 강한 편관 때문입니다. 편관 甲목의 기운을 누출하여 戊토를 생조하는 午화가 용신입니다. 다행히 戊토가 午에 앉아 생조를 받고 寅이 午와 합하여 살인상생(殺印相生-관이 인성을 생하고 인성이 나를 생하는 구조)이 됩니다. 子午冲으로 용신 午화가 깨지는 것을 두려워하나 子수는 바로 곁에 寅목을 생하느라 午를 충하지 않습니다.

火대운에 급제하여 크게 귀하게 되었고, 土대운도 역시 부귀(富貴)가 계속 이어졌습니다.

3 인수격(印綬格) – 정인격과 편인격 모두 인수격으로 통칭합니다.

• 인수격 예①

時 日 月 年		대운 ←
丁 乙 甲 癸 亥 亥 子 卯	四 柱	丙 丁 戊 己 庚 辛 壬 癸 辰 巳 午 未 申 酉 戌 亥

　乙목이 子월 한겨울에 태어나 癸수 투출하여 인수격입니다. 신왕사주로 시간에 丁화가 투출하여 水木의 강한 기운을 누출하니 용신으로 삼습니다. 조후상으로도 火를 절실히 필요로 하는 시기에 丁화가 투출하니 더더욱 그렇습니다. 水-木-火의 수기유행(秀氣流行)으로 정신이 충실하여 말로써 수많은 사람을 구제하는 것을 업으로 삼으니 당대 제일의 역학자가 된 도계 박재완(朴在玩)선생의 사주입니다. 戊午 丁巳 대운에 대발(大發)하여 세상에 명성이 자자하였고 재산도 융성하게 되었습니다.

• 인수격 예②

時 日 月 年	대운 ←
丙 乙 甲 癸 戌 丑 子 亥	79 69 59 49 39 29 19 9 丙 丁 戊 己 庚 辛 壬 癸 辰 巳 午 未 申 酉 戌 亥

    이 사주는 子中 癸水가 투출하여 인수격입니다. 지지에 亥子丑 水局을 이루어 水기운이 강하니 戌를 용하여 수기를 억누르고 丙화로 돕습니다. 水생木·木생火·火생土로 기운이 잘 유통되어 매우 총명하였습니다. 己未 대운부터 차츰 명성을 드러내고 戊午 대운에 마침내 명리학자로서 국내외에 명성을 드날린 바 있는 전재학 선생의 사주입니다.

• 인수격 예③

時 日 月 年	대운 ←
壬 丁 甲 甲 寅 酉 戌 寅	壬 辛 庚 己 戊 丁 丙 乙 午 巳 辰 卯 寅 丑 子 亥

    戌월의 丁화로 월지 장간의 천간 투출이 없어 사주 중 강한 자를 볼 때 甲목이 년, 월, 시에 많아 인수가 태왕하니 인수격이 됩니다. 인성이 강하여 일주가 신왕해지면 본래 관을 좋아하는데, 시간의 壬수는 일간과 丁壬합하여 쓸 수 없고 甲목 인성을 억제하는 일지 酉中 辛金으로 용신을 정합니다.

월지 戌中 또다시 辛금이 합세하면서 火生土 土生金으로 재성을 생조하여 더욱 좋습니다.

대운 庚辰운에 편재 酉금 용신을 도와 수백억 재산을 모으게 된 대림산업 사장의 사주입니다. 사주 내에 재성을 극하는 비겁이 없다는 것도 좋으며 원래는 겁재에 해당하는 巳대운도 巳酉합으로 용신 酉금을 생조하니 좋습니다.

· 인수격 예④

時 日 月 年		대운 ←
丁 庚 己 丙 丑 戌 亥 辰	四 柱	乙 甲 癸 壬 辛 庚 巳 辰 卯 寅 丑 子

이 사주는 庚일주가 亥월에 태어나 亥월 지장간 투출이 하나도 없습니다. 따라서 사주 중에 강한 기운을 찾아 격을 정하려 보니 辰己戌丑으로 土가 왕성하여 인수격입니다. 강한 것은 눌러야 하니 亥中 甲목을 용신으로 인성인 土를 극합니다. 병약용신법으로 쉽게 풀자면 庚금일주에 土가 매우 많아 土가 병이 됩니다. 따라서 土를 제어하는 木이 약이고 용신이 되는 것입니다.

대운 寅卯 甲木 대운(大運)에 갑부가 되었습니다. 辰대운 까지는 괜찮다가 巳대운이 오면 巳亥충으로 용신인 亥중 甲목은 巳중 庚금에 다칠 위험이 많습니다.

4 정재격

• 정재격 예①

時 日 月 年	대운 ←
庚 庚 己 乙 辰 申 卯 未	四柱	壬 癸 甲 乙 丙 丁 戊 申 酉 戌 亥 子 丑 寅

庚금 일주가 卯월에 출생하고 정재인 乙목이 투출하여 정재격 사주입니다. 乙목은 卯未에 뿌리를 두고 있어 상당히 강합니다. 庚금은 卯월로 월을 얻지 못하였지만 일지 申금에 건록의 뿌리를 두고 시간에 庚금과 辰토로 보강(補強)하여 신강하게 되었습니다. 따라서 乙목 재성을 용신으로 정합니다.

대운 子 乙亥 甲운에 木 용신을 도와 해방전 광산왕으로서 막대한 부를 자랑하다가 해방과 함께 戌운이 들어오며 비겁이 강해지므로 모든 재산을 잃고 집안이 망해 가난하고 곤궁한 삶을 살다가 申 대운에 사망한 사주입니다.

• 정재격 예② (女命)

時 日 月 年	대운 ←
丁 癸 丙 庚 巳 亥 戌 申	四柱	庚 辛 壬 癸 甲 乙 辰 巳 午 未 申 酉

癸수가 戌中 丁火 투출로 丁화 편재를 용신으로 쓰려하나 丁癸충 巳亥 충으로 쓰지 못하고 월간 丙화로 정재격을 삼습니다. 癸日 戌月로 신약인 듯 하나 상강(霜降)이 지난 亥월(入冬)직전에 태어나 申金에 水가 장생하고 있습니다. 또한 庚金 인수가 申金 건록지에 앉고 申戌이 합으로 金국하여 生水하니 재성을 감당할 수 있어 정재격에 정재로 용신을 정합니다. 대운 未午巳에서 강한 火의 운을 만나 순풍에 돛을 단 듯 굴지의 큰 부자가 된 사주입니다.

· 정재격 예③

時 日 月 年	四柱	대운 ←
丙 乙 戊 辛 戌 亥 戌 卯		庚 辛 壬 癸 甲 乙 丙 丁 寅 卯 辰 巳 午 未 申 酉

乙목 일주가 戌월에 무토가 투출하고 丙戌시를 만나 재성이 왕한 정재격 사주입니다. 일주 乙목은 정재인 戌토에 비해 너무 약하나 다행히 亥에 앉아 木기의 장생지를 얻었습니다. 비록 戌월로 월의 힘을 얻지 못했으나 상강(霜降) 이후로 태어나 亥월에 가깝고 卯목을 만나 亥卯로 합세합니다. 亥中 甲木 장생하므로 甲木으로 용신을 정합니다. 재성이 많아 신약한 사주로 대운 水木 운에 금광으로 거부가 되어 8·15 해방 전 이천오백만원 재산을 모아 국내 제일 갑부라고 소문이 났던 최창학 금광왕의 사주입니다. 庚運에 들어 용신 甲목이 상하여 병(病)으로 사망했습니다. 庚寅 운이면 庚금이야 그렇다 치지만 엄밀히 말하면 용신 甲목에 좋은 寅목 대

운인데 사망한 것은 寅목은 기신(忌神-흉신)인 丙화와 戊토의 장생지 역할을 하기 때문입니다. 그리고 고령의 나이도 이유가 되겠지요.

· 정재격 예④

時 日 月 年	四柱	대운 ←
丁 丙 丁 辛 酉 寅 酉 巳		庚 辛 壬 癸 甲 乙 丙 寅 卯 辰 巳 午 未 申

이 사주는 丙일주가 酉월에 태어나 년상에 辛金이 투출되어 정재격입니다. 시지(時支) 酉금을 득하였고 또 년지 巳화는 巳酉로 金국하여 재성을 생조하고 있으니 丙火는 약화되었습니다. 다행히 丙화는 일지 寅목에 장생하고 년지 巳화에서 건록지를 만났습니다. 또한 월간과 시간에 겁재 丁화를 얻어 火기를 보강합니다. 그러나 여전히 재성은 강하고 일주는 약합니다.

재(財)가 강할 때는 비견·겁을 용신으로 삼는 원칙에 따라 寅중 丙火를 용신으로 씁니다. 巳午 대운에 용신 병火를 도우니 일주가 강하고 재성도 강하여 수천만 거부가 된 사주입니다.

5 편재격(偏財格)

• 편재격 예①

時 日 月 年	四柱	대운 ←
癸 戊 壬 癸 丑 子 戌 丑		乙 丙 丁 戊 己 庚 辛 卯 辰 巳 午 未 申 酉

戊토가 戌월에 태어나 월지에서 천간으로 투출된 지장간은 없습니다. 강한 세력을 찾아보니 子수와 丑토에 뿌리를 둔 壬·癸수가 많고 강하여 편재격이 됩니다. (정재도 수가 많으면 편재와 같고 식신도 수가 많으면 상관과 같습니다. 이와 같이 정인이나 정관도 그 수가 많으면 편중되어 편자를 붙입니다. 위 사주가 편재격이 된 것도 이러한 연유입니다.)

하지만 재성이 너무 강해 그만 재다신약(財多身弱-재성이 많아 일주가 약해짐)이 되어 버렸습니다. 초년 대운 辛酉 庚申운에 불행과 병으로 고생하는 일이 많았습니다. 己未대운은 사주내에 壬·癸수가 많아 己토가 힘을 쓰지 못하고 未토는 사주의 지지 丑戌토와 丑戌未 삼형으로 약해졌습니다. 戊午 대운에 들면서부터 丁巳 丙辰으로 일주를 보강하여 일주도 강하고 재성도 왕한 부자의 운이 되어 굴지의 대재벌이 되었던 어느 사장님의 사주입니다.

26일차

4×4=사주여행

- 편재격 예②

時 日 月 年	四柱	대운 ←
庚 庚 甲 癸 辰 申 寅 亥		戊 己 庚 辛 壬 癸 申 酉 戌 亥 子 丑

이 사주는 寅월에 甲木이 투출하여 庚금 일주의 편재격입니다. 일주가 강하여 편재를 용신으로 씁니다. 초년 癸丑 대운부터 용신 甲목을 돕는 운으로 발전하여 壬子 辛亥 庚대운까지 큰 성공을 하여 재산이 수억대에 달하였다가 戊토 己토 대운에 들어 용신 甲목을 돕는 水기를 극하여 실패가 비일비재 하였습니다. 戊申 대운에 戊토가 용신을 돕는 년간의 희신(喜神) 癸수를 戊癸합으로 묶어 작용을 둔화시키고 甲목 용신의 뿌리인 寅목을 寅申충으로 흔들어 목숨이 위태롭게 됩니다.

- 편재격 예③

時 日 月 年	四柱	대운 ←
丁 丁 丁 辛 未 巳 酉 丑		辛 壬 癸 甲 乙 丙 卯 辰 巳 午 未 申

이 사주는 丁화가 火의 死지(12운성)인 酉월에 태어나 월지의 힘을 얻지 못하였지만 巳未의 합에 뿌리를 두고 일간과 함께 세 개의 丁화가 투출하여 약하지 않습니다. 한편 金의 재성은 월을 장악하고 辛금이 투출

하여 편재격입니다. 지지는 巳酉丑 金국을 이루어 재성이 매우 강합니다. 언뜻 보면 火기와 金기가 팽팽한 듯 보이지만 대개 월을 장악한 쪽이 더 강합니다. 따라서 재성이 강하고 일간은 비견 丁火를 용신으로 삼고 木으로 보강해야 길한 사주입니다.

木火대운을 기뻐하는데 중년 巳午未 대운에 크게 성공하였다가 壬辰운에 재성을 더욱 강화하여 크게 실패한 사주입니다.

· 편재격 예④

時 日 月 年	四柱	대운 ←
丙 甲 丁 戊 寅 辰 巳 子		甲 癸 壬 辛 庚 己 戊 子 亥 戌 酉 申 未 午

이 사주는 巳월의 甲일주로 巳월의 지장간 戊·庚·丙 중에 戊토와 丙화가 투출하였습니다. 丙·丁화는 戊토를 생하게 되므로 힘이 쏠리는 戊토를 정하여 편재격이 됩니다. 丁화, 巳화, 일지의 辰토 시간의 丙화, 년간 戊토 등 火土가 매우 강성합니다. 그에 비하여 일주 甲木은 辰土에 앉아 寅중 甲목을 용신으로 삼아 생조를 받고 있습니다. 왕한 재에 비하여 일주는 약합니다. 따라서 木이 강해지는 대운을 바랍니다. 뒤늦게 癸亥 대운에 들어 만석(萬石)의 부자가 된 옛날 갑부의 사주입니다.

27일차

6 식신격

• 식신격 예①

時 日 月 年		대운 ←
癸 戊 戊 庚 亥 申 寅 戌	四 柱	乙 甲 癸 壬 辛 庚 己 酉 申 未 午 巳 辰 卯

이 사주는 戊일주가 寅월에 태어나 월의 지장간에서 戊토가 투출하였으나 비견이라 제외하고 년간의 庚금이 戊토 戌토에 생조를 받으며 申금 건록지에 뿌리를 두어 강하니 식신격이 됩니다. 土는 金을 생하고 金은 결국 水를 생조하다보니 戊토 일간에 비해 金水의 식신과 재성이 대왕하게 됩니다. 이처럼 강한 식신이 재성을 생하는 구조라면 일주가 강해지는 시기에 큰 부자가 될 사주임에는 틀림없습니다.

여하튼 신약한 사주가 되어 식신생재를 제어하고 일주를 보강하는 운을 기대하는 사주입니다. 다행히 중년 午未 대운을 만나 재산이 수백억에 달하여 한국 경제사에 길이 이름을 남길 이병철 사장의 사주입니다.

• 식신격 예② - 다소 어려운 사주

時 日 月 年		대운 ←
丁 乙 辛 己 丑 亥 未 巳	四 柱	乙 丙 丁 戊 己 庚 丑 寅 卯 辰 巳 午

이 사주는 乙亥일주가 未월에 태어나 亥未합 하여 木기가 보강됩니다. 未월의 지장간 丁 乙 己 중 丁화 己토가 천간에 투출되었습니다. 본기를 격으로 정하는 원칙에 따라 己토로 정하여 편재격이 되는게 원칙이나 丁화의 역할이 중요하여 丁화를 용신이자 격으로 삼아 식신격으로 설명합니다.

간혹 명리서적 중 격을 이야기할 때 용신으로 격을 삼는 경우가 종종 있기 때문에 초학자들에게 혼동을 주기도 합니다. 위 사주는 격국 선정의 4원칙이 아닌 용신을 격으로 정하여 설명한다는 점을 말씀 드립니다.

이외에 이 책의 모든 사주에서 용신과 격은 별개이며 용신으로 격을 정하지 않았고 용신으로 격을 삼을 때는 미리 설명하도록 하겠습니다.

위 사주는 辛금만 없다면 식신 丁화도 적당히 강하고 己토 재성도 적당히 강하며 그 재성을 감당할 만큼 乙목 일주도 적당히 강합니다. 월간에 辛금만 없다면 말입니다. 신약한 乙목의 병이 바로 辛금이고 그 병을 제어하는 약인 丁화가 용신인 사주입니다.

초년 庚午 己巳 戊辰 대운은 辛금의 병이 제거되지 않아 되는 일이 하나 없었습니다. 그러다 드디어 중년 丁卯 丙寅 대운에 병인 辛금을 제거합니다. 丁卯대운은 丁화로 辛금을 극하며 卯목으로 일주를 강하게 하며 丙寅 대운은 丙辛합으로 辛금을 묶어두고 寅목으로 일주를 돕습니다. 그렇게 丁卯 丙寅 대운에 부귀영화로 위세를 떨치다가 丑운대운(大運)에 살(殺-편관)이 일어나 송사가 끊임없이 이어지고 파란만장한 삶을 살다가 수명을 다한 사주입니다.

위 사주를 조후용신이나 신강·신약을 따져서 亥수를 용신으로 삼는다면 사주의 해석은 어렵게 되며 맞지 않습니다.

· 식신격 예③ - 예②와 비슷한 사주

時 日 月 年	四柱	대운 ←
丁 乙 庚 甲 丑 亥 午 戌		丁 丙 乙 甲 癸 壬 辛 丑 子 亥 戌 酉 申 未

乙목이 午월에 출생하고 시간 丁火가 투출하여 식신격입니다. 식신은 午화와 丁화로 두 개 이상이면 상관처럼 행세하니 위 사주를 상관격으로 부르기도 합니다. 일반적으로 천간에 상관과 관성이 동시에 떠서 바라보는 구조를 사주에서는 대단히 꺼립니다. 이 사주는 식신이 두 개라 상관처럼 행세하고 庚금 정관이 월간에 떠있으니 이 사주가 바로 상관견관(傷官見官)의 사주입니다.

따라서 신약한 사주이지만 시급한 것은 庚금 병을 제어하는 것이기 때문에 丁화가 용신입니다.(亥수가 아님) 게다가 이 사주는 乙목이 다소 신약한 문제도 안고 있기에 천간으로는 庚금을 제어하고 지지로는 水木의 기운이 오는 것을 반갑게 여깁니다.

초년 壬申 癸酉 대운은 壬수와 癸수가 丁화를 다치게 할 뿐, 庚금의 병은 申금 酉금으로 더욱 강화되니 실패의 연속으로 세월을 보내게 되었습니다. 중년에 甲戌 乙亥 丙子 丁丑 대운을 만나 소원성취하여 크게 발복(發福)한 사주입니다.

甲戌대운은 甲목이 庚금과 충하여 병인 庚금을 약화시키고 丁화를 午戌 합으로 강화하여 길합니다. (천간의 충 : 甲庚충 乙辛충 丙壬충 丁癸충)

乙亥대운은 乙목이 庚금과 乙庚합으로 庚금을 묶어두고 亥수가 일간을 강화하여 길합니다. 亥대운은 지지로 들어오는 운이라 천간의 丁화를 극하지 않습니다.

丙子대운은 子수가 丁화의 뿌리 午화를 子午충으로 흔들지만 丙화가 천간에 함께 들어와서 사주의 甲목과 함께 丁화를 생조하여 계속 발전합니다.

・식신격 예④ - 신강·신약 주의

時 日 月 年		대운 ←
庚 庚 丁 乙 辰 寅 亥 酉	四 柱	庚 辛 壬 癸 甲 乙 丙 辰 巳 午 未 申 酉 戌

庚일간이 亥월에 출생하여 월의 지장간 戊 甲 壬의 투출은 없습니다. 강한 자를 찾아보니 비견겁인 金을 제외하면 亥중 壬수가 강하니 식신격입니다. 이 사주는 신약한 사주가 맞지만 그렇다고 억부 용신법으로 辰토나 酉금을 용신으로 정하면 안됩니다.

앞서 조후용신에 대해 알아봤었는데요. 여름과 겨울의 너무 뜨겁거나 차가운 사주에 적용합니다. 식신 상관격 중에 金일간이 亥子丑월에 태어나면 水의 식상이 강한 겨울의 金이라 차갑습니다. 또 木일간이 巳午未월의 火의 식상이 강한 여름의 나무라 木생火로 사주는 뜨겁기 마련입니다.

따라서 金水 식상격에는 火의 관살을 용신으로 하고 木火 식상격에는 인수인 水를 용신으로 쓴다는 말이 있게 된 것입니다.

위의 사주는 金水 식상격에 극히 신약한 경우가 아니기 때문에 관성인 丁화를 용신으로 삼습니다. 식신인 亥수는 金극木을 중간에서 소통하고 재성인 木은 관인 丁화 용신을 생하여 재성 木을 金으로부터 보호합니다. 식신생재가 잘 일어나는 巳午未 대운에 충청북도에서 제일가는 갑부가 되었습니다. 庚辰대운에 들어서 金이 강해지고 乙목이 乙庚합으로 묶이니 재물이 파괴되고 몸도 늙어 입적하게 된 이희준 사장의 사주입니다.

· 식신격 예⑤ - 예④의 사주와 비교해 보세요

時 日 月 年	四柱	대운 ←
丁 庚 己 丙 丑 戌 亥 辰		乙 甲 癸 壬 辛 庚 巳 辰 卯 寅 丑 子

이 사주는 같은 金水 식상격이지만 火를 사용할 수 없는 경우입니다. 이유는 土가 많은 것이 병(病)이기 때문에 火를 용한다면 火생土하여 병이 되는 土가 더욱 강해지기 때문입니다. 이 경우는 강한 土를 억제하기 위해 亥중 甲목을 용신으로 사용합니다.

7 상관격

· 상관격 예 ①

時 日 月 年	四柱	대운 ←
己 甲 庚 己 巳 午 午 巳		戊 己 辰 巳

甲목이 午월 午일에 태어나 식신과 상관이 번갈아 지지에 가득 깔렸습니다. 본래 월지에서 투출한 지장간으로 격을 삼는 이유는 월지로부터 힘을 받는 강한 천간의 기운을 격으로 삼자는 취지인데 위 사주는 己토가 투출하였지만 지지의 巳화와 午화가 두 개씩 중복하여 火기가 대단히 강합니다. 따라서 상관격이 됩니다.

명리학에서 관용구처럼 사용되는 말 중에 '진상관에 상관운을 만나면 필멸' 이라는 말이 있습니다. 여기서 '진상관(眞傷官)'이라는 말은 신약사주의 식상격을 뜻합니다. 신약한 일주의 상관격이 대운에 다시 상관운을 만나면 필멸이라는 것입니다.

위 사주는 식신 상관에게 심하게 설기(洩氣-기운을 빼앗김)되어 신약한 甲목이 첫 대운 巳화를 만나 요절(夭折)한 사주입니다. 무엇보다 火기를 제거할 水의 기운이 필요한 사주인데 水 용신이 없습니다. 참고로 천간의 甲己합은 두 개의 己토가 甲목과 2:1로 짝이 맞지 않아 서로 합하려는 형국입니다. 甲己합은 이루어지지 않으며 다른 천간의 합도 마찬가지입니다.

28일차

4×4=사주여행

• 상관격 예②

時 日 月 年	四柱	대운 ←
乙 丙 己 戊 未 戌 未 寅		癸 甲 乙 丙 丁 戊 丑 寅 卯 辰 巳 午

丙화일간이 未월에 출생하여 丁 乙 己 지장간 중 乙목과 己토가 투출하였습니다. 본기 우선의 원칙으로 己토가 선정되어 상관격입니다. 천간의 戊토와 己토 未월 戌일 未시로 무려 다섯 개의 土가 배치되어 있습니다. 火는 土를 생하지만 土가 지나치게 많으면 火는 빛을 잃게 됩니다. 따라서 土기를 제어할 木기가 필요한데 월지에 뿌리를 두고 천간에 투출한 乙목이 있어 용신으로 정합니다. 대운을 보면 乙木 정인이 약하여 힘을 쓰지 못하던 중 乙卯 甲寅대운을 만나 용신 인성을 보강하여 크게 부귀영화를 누렸습니다. 이후 丑대운을 만나 丑未충으로 용신 乙목의 뿌리 未토를 흔들고 丑中 辛금이 乙목 용신을 극하여 수명을 다하게 된 사주입니다.

• 상관용신 예③ - 편인격 사주

時 日 月 年	四柱	대운 ←
丁 丁 乙 戊 未 巳 卯 子		癸 壬 辛 庚 己 戊 丁 丙 亥 戌 酉 申 未 午 巳 辰

이 사주는 편인격의 사주이지만 상관이 용신이 되는 예를 설명하기 위

해 채택했습니다. 丁巳일생이 乙卯월 丁未시에 태어났습니다. 丁화와 乙목이 강한 뿌리를 가지고 천간에 투출하였으며 巳未합 卯未합으로 木火의 기운이 왕성합니다. 신강한 丁화의 기운을 누출해야 길한데 다행히 년의 천간에 戊土가 있어 火기를 누출시키게 됩니다. 戊토를 용신으로 정합니다. 따라서 戊토를 극하는 인성 木은 이 사주의 병(病)이 됩니다.

초년 戊午 己未 대운은 용신 土를 보호하니 평탄하게 길하였습니다. 庚申 辛酉 대운은 병이 되는 木을 제거하니 벼슬이 재상까지 올라 크게 부귀하였습니다. 그러다가 亥대운에 들어서 亥卯未 木국이 결성되니 강한 木이 용신을 극하여 그만 수명을 다하고 말았습니다.

· 상관격 예④

時 日 月 年	四柱	대운 ←
庚 己 丙 辛 午 丑 申 丑		甲 癸 壬 辛 庚 己 戊 丁 辰 卯 寅 丑 子 亥 戌 酉

이 사주는 己土일주가 申金월에 출생하여 월 지장간 戊 壬 庚 중 본기 庚金이 시간에 투출하여 상관격입니다. 일주 己토는 申월과 2개의 丑토에 뿌리를 박은 庚·辛금에 심하게 기운을 빼앗겨 생조를 원하는 사주입니다. 다행히 월천간의 丙화 인성이 시지 午화에 뿌리를 두고 있으며 일주 己토 또한 土의 제왕(帝王)지 午화에 착근(着根)하여 아름답습니다.

庚子 辛丑 壬 대운은 인수 丙火가 피해를 입어 눈에 질병으로 하루도 평안할 날이 없었습니다. 그러다 寅卯운의 木대운부터 木생火하여 병은

28 일차

4×4=사주여행

차도를 보여 차츰 건강해졌고 아들 삼형제를 키우며, 의식도 풍족하게 잘 살았습니다. 그러다 노년에 辰토 대운을 만나 申辰 水국으로 인수 丙화를 극하니 그만 세상을 하직하고 말았습니다.

지금까지 28차시로 28일동안 학습할 수 있도록 4주간의 사주여행을 진행해보았습니다. 내격 사주 일곱 가지를 끝으로 대략 기초적이고 기본적인 명리학의 내용을 담았습니다. 사주명리학의 기본기를 닦고 쉬운 사주는 스스로 감정할 수 있도록 하였으니 반복해서 읽고 학습하시면 보다 깊은 영역의 명리학에 접근하시는 데에 도움이 되시리라 믿습니다.

4×4=사주여행
28일간의 사주여행

발행일 2024년 4월 5일
초판1쇄 2024년 3월 22일

지은이 박경일
이메일 oammany@hanmail.net

디자인·편집 북크리
인쇄 북크리

이 책은 저작권법에 따라 한국 내에서 보호를 받는 저작물이므로 무단전재와 무단 복제를 금합니다. 책값은 뒤표지에 있습니다.

ISBN 979-11-983387-9-2(03100)